This is a Czech language
edition of the two
novellas, (in English):
"Bass Saxophone" and
"Emöke", and the
introduction, "Red Music".
They were published
by Josef Škvorecký's
own company, Sixty-Eight
Publishers (Toronto, 1982).

Myrna Friend

SIXTY-EIGHT PUBLISHERS CORPORATION
Box 695, Postal Station "A"
Toronto, Ont. M5W 1G2
CANADA

JOSEF ŠKVORECKÝ

DVĚ
LEGENDY

Josef Škvorecký
DVĚ LEGENDY

*Vydalo nakladatelství Sixty-Eight Publishers, Corp.
v únoru 1982 jako svou 117. publikaci*

Cena $6.50

*Obálku navrhla Barbora Munzarová
Grafická úprava Věra Držmíšková
Kresba v záhlaví Ivan Steiger*

Printed in Canada

Škvorecký, Josef, 1924–
    Dvě legendy

ISBN 0-88781-107-8

1. Jazz music - Czechoslovakia.   I. Title.

PS8537.K86D84   C891.8'64'5   C81-094306-9
PR9199.3.S557D84

DVĚ LEGENDY

Red Music

Řekli mi: "Ale vždyť jazz je dekadentní buržoasní hudba!", protože to jim sovětský tisk vtloukal do hlavy. Řekl jsem: "Je to moje hudba, a nedal bych ji ani za světovou revoluci."

Langston Hughes

V dobách, kdy všechno v životě bylo svěží - protože nám bylo šestnáct, sedmnáct - hrával jsem na tenorsaxofon. Mizerně. Naše kapela si říkala Red Music, což byl omyl, protože jméno nemělo žádné politické konotace. V Praze však existoval orchestr jménem Blue Music, a my, jelikož jsme žili v protektorátě Böhmen und Mähren, jsme neměli tušení, že v jazzu "blue" neznamená barvu. A tak jsme svou kapelu nazvali Red Music. Jestli však jméno samo nemělo žádné politické konotace, naše sladká, divoká muzika je měla; neboť jazz byl vždycky vojem v řiti všech ultrapapalášů, od Hitlera po Brežněva, kteří postupně vládli v mé rodné zemi.

Jaké politické konotace? Levičácké? Pravičácké? Rasové? Třídní? Nacionální? Slovník ideologů a šarlatánů nemá pro to výraz. Na počátku, krátce před Druhou světovou válkou, kdy se mé generaci dostalo hudebního zjevení, jazz vůbec nevyjadřoval nějaký protest. Ať už měla liberální republika T.G. Masaryka jakékoliv nedostatky, byl to pravý ráj kulturní snášenlivosti. A byť si LeRoi Jones říká, co chce, esence téhle muziky, tohohle "způsobu, jak dělat muziku", není jenom protest. Její podstata je cosi mnohem elementárnějšího: *élan vital*, výbušná a tvořivá energie, která jako v každém skutečném umění člověku bere dech a již člověk cítí i v nejsmutnějším blues. Její účinek je katarze.

Jenže jsou-li životy jednotlivců a společností pod kontrolou moci, jež sama zůstává nekontrolovatelná - pod kontrolou otrokářů, carů, Führerů, prvních tajemníků maršálů, generálů a generalissimů, ideologů diktatur na obou stranách spektra - potom se tvůrčí energie skutečně proměňuje v protest. Tuberácký úředník Dělnické pojišťovny (jehož srdce, dle svědectví současníků, se svíralo nad osudy klientů jeho úřadu) prodělá náhlou metamorfózu v hrozbu ostře sledovanému socialismu. Proč? Protože vize v jeho *Zámku,* v jeho *Procesu,* v jeho *Americe* obsahují příliš málo papíru a příliš mnoho života, i když v masce nerealistické fikce. Ale tak to je. Jak jinak vysvětlit tu historickou skutečnost, že seznam knih, jež měly být odstraněny z čítáren Americké informační služby, pořízený senátorem Joem McCarthym, je téměř totožný se seznamem vydaným Komunistickou stranou v Praze v raných letech sedmdesátých? Totalitní ideologové nemají rádi skutečný život (jiných lidí), protože jej nemohou totálně kontrolovat; nenávidí umění, produkt žízně po životě, protože i ono se vymyká kontrole - dostane-li se pod kontrolu a pod zákon, zahyne. Než však zahyne - nebo když najde útočiště v nějakém samizdatu - umění se, chtě nechtě, stane protestem. Populární, masové umění jako jazz se stane masovým protestem. Z toho důvodu jsou ideologické, a někdy i policajtské, pistole namířeny na muže se saxofony.

Red Music vyhrávala (špatně, ale s nadšením šestnáctiletých) za panování nejarištějšího z Arijců a jeho kulturního poskoka Dr. Goebbelse. A právě Goebbels prohlásil: *Budu mluvit zcela otevřeně o tom, má-li německý rozhlas vysílat tak zvanou jazzovou hudbu. Jestliže jazzem rozumíme hudbu založenou na rytmu, jež zcela ignoruje, nebo dokonce jeví opovržení k melodii, hudbu, v níž rytmus naznačují především ohyzdné zvuky vyjících nástrojů, které jsou urážkou duše, nuže, potom na svrchu uvedenou otázku můžeme odpovědět naprosto záporně.*[*]A to byl jeden z důvodů, proč jsme vyli a skučeli, chraptěli a řvali a používali všemožných dusítek, od *wa-wa* až po *in hat*, a některá jsme si dokonce vyráběli sami. Jenže i tehdy byl protest jenom vedlejším důvodem. Především jsme tu muziku milovali; jazz, jenž byl ve skutečnosti swing, napůl bílé dědictví Chicaga a New Orleansu, a při němž naši nehrající současníci tančili z dosahu *Schutzpolizei*, v horských vesničkách. Neboť i tancovat bylo zakázáno v Třetí říši, jež truchlila pro své padlé v bitvě o Stalingrad.

Zjevení, jehož se nám dostalo, je z rodu zjevení, jaká se přiházejí pouze v mládí; ještě než se na duši

---

[*] *Týden rozhlasu*, Praha, 7. března 1942.

udělá hroší kůže, protože se jí dotklo příliš mnoho dojmů. V duchu pořád naprosto jasně slyším zvuk saxofonů na starém, příšerně poškrábaném Brunswicku, otáčejícím se na klikovém gramofonu, s téměř nečitelnou vinětou *"I've Got a Guy", Chick Webb and His Orchestra with Vocal Chorus.* Divoce sladké, swingující, smearující saxofony, líný a neznámý hlas neznámé zpěvačky, jenž nás uváděl do tranzu, ačkoliv jsme nemohli vědět, že to je velká, tehdy sedmnáctiletá Ella Fitzgeraldová. Ale poselství jejího hlasu, volání saxofonů, krátké lkající a slzavé saxofonové sólo mezi dvěma zpívanými chorusy, to všechno nám došlo. Nic už to v našich srdcích nedokázalo umlčet.

A vzdor Hitlerovi a Goebbelsovi, sladký jed judeonegroidní muziky (to byl přívlastek, jejž nacisti dávali jazzu) nejenom přetrval, ale zvítězil - dokonce na kratičký čas v samém srdci pekla, v terezínském ghettu. The Ghetto Swingers... existuje fotografie, amatérský snímek, udělaný uvnitř hradeb toho města za onoho krátkého týdne, kdy jim dovolili hrát, aby je viděli zástupci švédského Červeného kříže, kteří se přijeli podívat na Potěmkinovu vesnici nacismu. Jsou na tom snímku všichni: všichni až na jednoho odsouzení k smrti, v bílých košilích s černými vázankami a píst trombónu směřuje šikmo k nebi, předstírá, nebo snad skutečně prožívá radost rytmu, hudby, možná zlomek beznadějného pocitu úniku.*

---

*Jenom jeden z The Ghetto Swingers, Erik Vogel, přežil Terezín.

I v pověstném Buchenwaldu existoval swingový orchestr, skládající se povětšině z českých a francouzských vězňů. A protože doba byla nejen krutá, ale také absurdní, lidé se dostávali za ostnatý drát právě kvůli té muzice, jež se za ním ozývala. V koncentračním táboře poblíž Wiener Neustadt seděl Gustav Vicherek, kytarista, který si zazpíval Armstrongův skatovaný chorus v "Tiger Rag" a tím, dle nacistického soudce, "zprznil hudební kulturu."* Jinde v Německu potkal podobný osud několik jiných swingařů, a jakýsi místní *Gauleiter* vydal neslýchaný (skutečně neslýchaný? V tomhle našem světě?) soubor pravidel, jež byla závazná pro všechny taneční orchestry v dosahu jeho pravomoci. Skřípaje zuby jsem je četl v týdeníku *Filmový kurýr,* a o patnáct let později jsem je parafrázoval - jsem přesvědčen, že věrně, protože se mi hluboce vryla do paměti - v povídce nazvané "Slovo nevezmu zpět":

1. V repertoáru zábavních a tanečních orchestrů nesmějí skladby rytmu foxtrotového (tzv. swing) přestoupit 20%.

2. V repertoáru tohoto tzv. jazzového druhu budiž dávána přednost skladbám durovým před mollovými a textům vyjadřujícím radost ze života (Kraft durch Freude) před texty židovsky ponurými.

3. Také pokud se týče tempa, budiž dávána přednost skladbám rychlým před pomalými (tzv. blues), přičemž však tempo nesmí překročit jistý stupeň allegra,

---

*L. Dorůžka, I. Poledňák, *Československý jazz,* Praha 1967, daný árijským citem pro disciplínu a uměřenost. Nelze za žádných okolností připustit negroidní výstřednosti v tempu (*tzv. hot-jazz*) ani v sólovém podání (*tzv. breaks*).

4. Tzv. jazzová skladba může obsahovat nejvýše 10% synkop, ostatek musí tvořit hudební pohyb přirozeně vázaný, bez hysterických rytmických zvratů, charakteristických pro hudbu barbarských ras a vzbuzující temné pudy, cizí německému národu (*tzv. riffs*).

5. S největší přísností zakazuje se používání německému duchu cizích nástrojů (*např. tzv. cow-bells, flex-à-tone, brushes apod.*), jakož i všech dusítek, která ušlechtilý tón žesťových nástrojů mění v židovskozednářský vřesk (*tzv. wa-wa, in hat apod.*).

6. Zakazují se tzv. bubnová sóla (*drum breaks*) delší než $^1/_2$ taktu ve čtyřčtvrtečním rytmu (*s výjimkou stylizovaných vojenských pochodů*).

7. Na kontrabas se v tzv. jazzových skladbách připouští pouze hra smyčcem, zakazuje se strunami škubat. Trpí tím nástroj i árijský muzikální cit. Je-li pro charakter skladby nezbytně nutné tzv. pizzicato, budiž při něm přísně dbáno, aby struna nepleskala o hmatník, což se s okamžitou platností zakazuje.

8. Vyzývavé vstávání při provádění sólové hry se zakazuje.

9. Rovněž se zakazuje hudebníkům během skladby povykovat (*tzv. scat*).

10. Doporučuje se všem zábavním a tanečním orchestrům omezit používání saxofonů všech ladění a nahradit je celly nebo violami, popř. vhodnými nástroji národními.

Když se toto podivné Desatero objevilo v té povídce* v prvním československém jazzovém almanachu v roce 1958, cenzoři zcela jiné diktatury zabavili celý náklad. Dělníci v tiskárně zachránili jen několik výtisků, a jeden z nich se dostal do rukou Miloši Formanovi, tehdy mladému absolventovi Akademie múzických umění, jenž hledal materiál pro svůj první film. Po několika letech psaní a hádek s cenzory nám scénář konečně oficiálně povolili, načež jej osobně zakázal muž, jenž tenkrát panoval v Československu: president Antonín Novotný. Tím náš film skončil, dřív než se začal natáčet. Proč? Protože nařízení starého *Gauleitera* znovu platilo, tentokrát v zemi vítězného proletariátu.

Ale tehdy, za dnů hákového kříže, nebyl to jen nějaký osamělý Němec v Buchenwaldském swingbandu, nebo jen několik zabásnutých, čistokrevně arijských swingařů - sladký jed zasáhl i mnohem spolehlivější příslušníky panské rasy. Jak živě si na ně vzpomínám, v jejich šedomodrých uniformách, přijeli právě z Holandska s aranžmá "Liza Likes Nobody" od Jacka Bultermana, výměnou za ně jsme jim přenechali naši úpravu "Deep Purple", a den nato je odvezli do Athén, kde swingovaly jiné saxofony, podtrhávané kansaskými riffy. Jako bych

---

*"Slovo nevezmu zpět" vyšla nakonec v roce 1966 pod názvem "Eine kleine Jazzmusik", ve sbírce *Sedmiramenný svícen*. Podrobné vylíčení intrik kolem "Eine kleine Jazzmusik" najde čtenář v mé knize *All the Bright Young Men and Women,* Peter Martin Associates, Toronto 1971.

je viděl před sebou, ty německé vojáky, sedící v temném koutě starého Port Arthuru, žíznivě naslouchající zvukům bigbandu Miloslava Zachovala - což byla ta druhá, mnohem lepší kapela v mém rodném Náchodě. Nadarmo jsem snil, že se stanu jedním ze Zachovalových swingmenů. Bohužel, byl jsem shledán lehkým, a odsouzen hrát s hroznou Red Music.

Jak naivní jsme byli, jak jsme se zalykali láskou a úctou. Protože Dr. Goebbels rozhodl, že vyjící judeonegroidní hudba vynalezená americkými kapitalisty se nesmí hrát na území Třetí říše, o překot jsme si vymýšleli falešné titulky pro legendární skladby, aby je lidé na území Třetí říše přece jen mohli slyšet. Hráli jsme rychlý foxtrot - jednu z těch "divokých skladeb" - nazvaný "Splašil se nám býk", jenž byl na poslech k nerozeznání od "Tiger Ragu"; hráli jsme slow nazvaný "Večerní píseň", a nacističtí cenzoři naštěstí nikdy neslyšeli černošský hlas zpívající: *When the deep purple falls over sleepy garden walls...* . A vrchol naší drzosti, "Píseň o Řešetové Lhotě", ve skutečnosti "St. Louis Blues", zazněla jednoho mlhavého dne v roce 1943 ve východních Čechách, zpívána místní zpěvačkou, se slovy umně zkomponovanými tak, aby se hodila k novému titulu slavné skladby W.C. Handyho: *Řešetová...Lhota je domov můj...Odejdu tam...k svým rodným árijcům..*
Vlastně jsme měli kliku, že místní nacisti jakživi nespatřili Chaplinova *Diktátora,* jakživi neslyšeli SA-manské burany pějící o "ari-ari-ari-ari-arijcích". Ani my jsme tu písničku neznali - "Píseň o Řešetové Lhotě" byla prostě spontánní reakcí na rasismus.

Jako většina našich písní, byla to údajně kompozice jistého pana Jiřího Patočky. V seznamech populárních skladatelů té doby byste jeho jméno hledali marně, protože i on byl výplodem naší fantazie. Obrovský repertoár toho mýtického gentlemana obsahoval i skladbu nerozeznatelnou od "The Casa Loma Stomp". Jak jsme byli nevědomí, neměli jsme zdání, že ve vzdáleném Torontě existuje zámek toho jména. Věřili jsme, že Casa Loma je americký kapelník, jeden z té nádherné party, jež zahrnovala Jimmyho Lunceforda, Chicka Webba, Andyho Kirka, hraběte Ellingtona (Ellington byl povýšen do šlechtického stavu českou překladatelkou, která se setkala s jeho jménem v jednom Lewisově románě a usoudila, že to musí být příslušník zchudlé britské aristokracie, vydělávající si na živobytí jako kapelník v Cotton Clubu), Counta Basieho, Louise Armstronga, Tommyho Dorseye, Bennyho Goodmana, Glena Millera - jmenujte je, a znali jsme je všechny. A přitom jsme neznali nic. Kolik hodin jsme strávili lámajíce si hlavu nad tituly písní, jimž jsme nerozuměli... "Struttin' with Some Barbecue" - definice slova "barbecue" v našem kapesním slovníku vůbec nepomáhala. Co to proboha může znamenat: "pompézně si vykračovat s kusem zvířecí mrtvoly upečené v celku na rožni"? Neznali jsme nic - ale muziku jsme znali. Přicházela k nám většinou na vlnách Radia Stockholm, neboť to byla jediná stanice hrající jazz, již nacisti nerušili. Švédský styl: čtyři saxy a jedna trumpeta plus rytmika - kromě bigbandového swingu, snad první přesně definovaný jazzový styl, který jsme znali. Kupodivu, jeden film, rovněž švédské provenience, unikl mezi různými nacistickými propagačními díly *à la Pandur Trenck* nebo *Ohm Krüger* pozornosti školdozorců nad čistotou arijské kultury. V překladu měl titul *Celá škola tančí.* Ale původní titul se nám líbil mnohem víc, ačkoliv jsme švédsky nerozuměli: *Swing it, magistern, swing it!* To byl ten skutečný vrchol filmového umění na území Třetí říše! Všichni jsme se zamilovali do swingující, zpívající švédské holky jménem Alice Babs Nielsson, což jen dosvědčuje, že ačkoliv v našich znalostech zely díry, měli jsme aspoň ucho pro jazz: mnohem, mnohem později ta dívka nahrála několik elpíček s Ellingtonem. Ale ten film - viděl jsem jej nejmíň desetkrát. Jednou v neděli jsem strávil celé odpoledne i večer v biografu: viděl jsem představení pro děti, odpolední představení, večerní představení - svíral mě smutek, že neexistuje nějaká půlnoční mše nazvaná *Swing it, magistern, swing it!*

"Swing it, magistern, swing it!" se stala stálou součástí repertoáru hraného k veliké radosti swingových *aficionados* na koncertech v zapadlých městečkách východních Čech. Jenomže i mezi našimi českými součastníky se našli nepřátelé jazzu a swingu. Umírněnější byli "sokolové", pro něž swing byla cizokrajná, moderní deformace jazzu. Ti se omezovali na to, že nás při koncertech vypískávali. Radikálové, "polkaři" si počínali hůř. Házeli na podium ohryzky, shnilá vejce, všemožné svinstvo, a legendární koncerty v legendárních Balíkovech často skončily rvačkou mezi "polkaři" a "swingaři". Kapela se pak musela zdejchnout zadními dveřmi, aby zachránila cenné nástroje, za války nenahraditelné, před spravedlivým hněvem zastánců jediné skutečné české muziky: polky - kterou, hrůzo hrůz, nejraději slyšeli hranou na tahací harmoniku!

Ale házet shnilá vejce na naši Ellu se polkaři nikdy neodvážili. Ano, neboť jsme měli vlastní Bohyni, vlastní Královnu swingu, Dívku v rytmu zrozenou, Štíhlou dívku s rytmem v patách, naši vlastní Ellu. Byla přirozeně bílá, a jmenovala se Inka Zemánková. Vyznamenala se tím, že zpívala česky s americkým přízvukem, včetně texaských nosovek, které jsou tak cizí češtině. Bože, jak jsme zbožňovali tohle prznění našeho líbezného jazyka, neboť jsme cítili, že všechny jazyky jsou mrtvé, pokud se trochu nezprzní. Hlavní píseň Inčina repertoáru byl pomalý swing s titulem "Ráda zpívám hot", což nebyla skladba přízračného Patočky, ale původní česká kompozice. Text vypráví o swingující dívce, jež si vykračuje po Broadwayi, zatímco "Harlem v dálce synkopuje melodie." Píseň obsahovala také několik taktů skatu a vrcholila zpěvaččiným konstatováním, že si "zpívá hot!" Tohle poslední slovo vzbudilo pozornost nacistických cenzorů, a na jejich rozkaz je Inka musela nahradit rovněž jednoslabičným "z not!" - což byla kouzelně absurdní oprava, neboť třebaže se to rýmuje s "hot", znamená to přesný opak zpívání "hot".

Daleko od Harlemu, od Chicaga, od New Orleansu, neinformovaní a naivní, sloužili jsme božstvu, které věru nezná hranic. V Praze existovala skupinka, jež vydávala podzemní časopis nazvaný O.K. (nikoli zkratka "ol korekt", ale *Okružní korespondence*). Tahle podzemní publikace (skutečně podzemní, vlastnictví mohlo znamenat koncentrák), vyťukávaná na stroji v asi dvaceti téměř nečitelných průklepech, byla naším jediným zdrojem spolehlivých informací. Po území protektorátu ji na kolech rozvážely líbezné "kristýnky", dospívající dívky těch zašlých časů. Vidím je před sebou, jak v sukních po kolena tancují a "potápějí se" v hospodách zapadlých vesnic, kde jeden z *aficionados* stál vždycky na stráži u vchodu, aby nás varoval před německou policií. Objevil-li se na obzoru nějaký *Schupo,* dal strážce signál, kristýnky a "potápkové" se usadili kolem stolů nad sklenice zelené limonády, a jali se zbožně naslouchat vídeňským valčíkům, na něž se plynule přešaltovala kapela. Když nebezpečí pominulo, všichni vyskočili, explodovaly kansaské riffy a v hospodě opět zavládl swing.

Potom velká válka skončila. V témže biografu, kde jsem jednou seděl přes tři po sobě následující představení *Swing it, magistern, swing it!,* seděl jsem přes tři promítání mizerné kopie *Zasněžené romance* s ruskými titulky. Hollywoodský děj mě nezajímal, ale hypnotizoval mě Glen Miller. Kopie se do mého rodného města dostala s Rudou armádou, poničená častým promítáním na frontě, poškozený zvukový záznam přidával Goebbelsem vylíčené zvukové hrůzy k "In the Mood" a k "Chattanooga Choo Choo". Přesto jsem měl nádherný pocit, že konečně nastává krásný věk jazzu.

Můj omyl. Stačily tři prchavé roky, a jazz byl opět v podzemí. Noví malí Goebbelsové se počali činit na poli, které starý ďábel vyklidil. Byli nyní vybaveni sovětskými biblemi, především fašistoidní *Hudbou duševní bídy* jakéhosi V. Gorodinského a *Dolarovou kakofonií* od I. Nesvěta. Slovníkem se tihle inkvisitoři příliš nelišili od kulhavého Doktůrka, až na to, že byli pokud možno ještě pyšnější na svou ignoranci. Jazz a jazzem inspirovanou hudbu charakterizovali bohatým repertoárem hanlivých adjektiv: "zvrhlý", "úpadkový", "podlý", "lživý" atd. Srovnávali naši muziku s "hrdelním skučením velbloudího hlasu", se "škytáním opilce", a třebaže jazz byl podle nich "hudbou lidožroutů", vynalezli jej zároveň kapitalisté, "aby ohlušili uši zmarshallizovaného světa řvavými epileptickými skladbami,"*. Bohužel, tito orwellovští mistři našli v Čechách brzo řadu učedníků, kteří - jak je to u učedníků obvyklé - zašli ještě dál a zuřivě prohlašovali, že cílem jazzu je "zničit lidovou hudbu, vymazat ji z duše lidu". Nakonec tihle agresívní teoretici zorganizovali dokonce koncert "vzorného" jazzu ze skladeb napsaných na objednávku Kulturního oddělení strany. Podobalo se to neuvěřitelné noční můře. Karel Vlach, největší

---

* *Hudební rozhledy* III. č.17, 1950-51, str. 23.

z českých pionýrů swingu, seděl v první řadě, střídavě bledl a rudl a v duchu patrně přeříkával modlitbu ke Stanu Kentonovi. Vedle něho seděla nejnesvětější trojice sovětských jazzových poradců (vedená, ze všech lidí právě Aramem Chačaturjanem, kolegou Prokofjeva a Šostakoviče), ponořená v ponuré mlčení, a vedle nich senilní sbormistr, jenž používal naslouchátka. Ale ani ta vykleštěná hudební příšera sovětské hudební poradce neuspokojila. Kritizovali její "instrumentální složení" a charakterizovali ji jakožto "hudbu zanikající třídy". Nakonec povstal starý sbormistr a nasadil debatě korunu: "Vezměte si, například, trubku. Takový optimistický nástroj! A co s ním udělají tihle džezisti? Strčí cosi do korpusu, a už člověku rve uši ohavné ječení, jako nějaký řev z džungle!"

Nato se Vlach neudržel a pronesl několik rouhavých poznámek: nedají-li mu prý něco lepšího, než je Stan Kenton, bude hrát dál Stana Kentona. A snad ho i hrál, v tom cirkuse, do něhož ho brzo nato, s celou kapelou, poslali. Strana také ohlásila ustavení "oficiálního" vzorového jazzového orchestru, a v mládežnických hudebních sdruženích se nejhorlivější pokoušeli nahradit hybridně znějící (proto buržoasní) saxofony nehybridními (a proto proletářskými) violoncelly - přičemž zapomněli, že trvá nejmíň pět let, než se člověk jakž takž naučí na cello, kdežto talentovaný mladík zvládne jakž takž saxofon za měsíc, a chce hrát, hrát, hrát! Ideologické myšlení se však ubírá po cestách nepotřísněných prachem skutečného světa. Místo Kentona nám vnucovali Paula Robesona. Jak jsme nenáviděli toho černého apoštola, jenž, z vlastní svobodné vůle, zpíval v Praze na koncertech pod širým nebem, když vytahovali na šibenici Miladu Horákovou, jedinou ženu, kterou kdy Češi v Československu popravili za politiku, a když velcí čeští básníci (o nějakých deset let později bez výjímky rehabilitovaní) strádali v žalářích. Možná že jsme byli k Paulu Robesonovi nespravedliví. Bezpochyby jednal v poctivé víře, že bojuje za dobrou věc. Ale dávali nám ho neustále za vzor jako "pokrokového džezistu", a my ho nenáviděli. Bůh buď milostiv jeho - doufejme - nevinné duši.

Biskupové stalinského obskurantismu, třebaže "hudbu lidožroutů" zcela zatratili, měli v padesátých letech přece jen jeden problém. Jmenoval se dixieland. Typ lidoužroutské muziky s kořeny tak evidentně lidovými a mnohdy přímo proletářskými (blues), že i ten nejorwelliánštější falsifikátor faktů by měl co dělat, aby je popřel. Zasvěcenci znali ojedinělé nahrávky dixielandu už za války, a po válce uslyšela skupinka mladíků dixieland Graeme Bella na Festivalu mládeže v Praze. Ti mladí muži založili Czechoslovak Dixieland Band, a brzo se roztrh pytel se jmény znějícími Louisianou: Czechoslovak Washboard Beaters, Prague City Stompers, Memphis Dixie a tucty dalších. Muzika stýčka Toma se stala jedinou formou jazzu, trpěnou na depresívních shromážděních nazývaných mládežnické estrády, na nichž velkoměstské holky přistrojené do pseudolidových krojů pěly bombastické ódy na Stalina stylem pastýřských halekaček.

S kapelou Czechoslovak Dixieland Band uspořádal řadu zájezdů apoštol dixilandu, Emanuel Uggé. Znovu se tedy ozývaly hlasité synkopy v zapadlých městečkách severovýchodních Čech, zarámovány nudnými, superučenými komentáři, v nichž oddaný *Doctor Angelicus* dixielandu, pro uši policejních špiclů přítomných na koncertě, dokázal interpretovat nejnemravnější odrhovačku z nejproslulejší chicagské dupárny jakožto výraz Utrpení Černého Lidu, jenž čeká jenom na Stalina a jeho výchovné tábory, které vychovávané kvalifikují přímo pro onen svět.

Ukázalo se však, že jezdit na zájezdy s dixielandem byl podnik poněkud pochybný. Na jedné straně se jazz udržel v povědomí posluchačů, ale na druhé straně muzice, kterou vzdělanější, a proto méně ortodoxní dohližitelé v Praze povolili jakožto "druh černošského folkloru", zdravá jádra v provinčních městečkách odhalila ledví: pro ně to byl - citujeme dopis ONV v Hranicích pořadateli zájezdu, závodní radě Hranických cementáren - *pokus propašovat západní dekadenci do myslí našich dělníků...hudební úroveň souboru je taková, že po stránce socialistického realismu nepřinesl ve své činnosti ničeho, naopak volnými improvizacemi, které převážně tento soubor pěstuje, přináší hudební pornografii... Soubor hrál z 80% kosmopolitní západnickou hudbu, která půso-*

*bila výstředně a strhla dokonce přítomné vojíny k tomu,
že jeden z nich vystoupil a stepoval. Když byli na to
zástupci ČSM upozorněni, hudba napravila svůj re-
pertoár tím, že zahrála "Škoda lásky" a "Chaloupky
pod horami", načež zbytek večera pokračovala opět
v západnické hudbě. Podle provedeného úředního še-
tření tento soubor nikterak nepřispěl po kulturní
stránce pracujícím a naopak vrhal špatné světlo
na kulturní činnost ČSM v Hranicích... přestože sou-
bor hraje pod rouškou ČSM, je pozoruhodné, že ani
jeden člen není organizován v ČSM. Je úředně zjiště-
no, že zvláště provozování této hudby v...restauraci
Skřídlo mělo za následek, že se do tohoto podniku
sjížděla mládež z reakčních řad městské buržoasie
i z jiných okresů a současně se rozšířily mravnostní
delikty, zejména prostituce.**

Ta hrůza! Vojín československé lidové armády,
stepující za zvuků nějakého kousku on Nicka La
Roccy! Po letech se mi tenhle harlemizovaný voják
vybavil, když jsem v článku Vasilije Aksionova
(autora epochálního románu *Lístek proštípnutý
hvězdami* - ale kdo na Západě o něm slyšel? Kdo ví,
že liberalizující účinek tohohle románu, napsaného
ve slangu moskevské mládeže, měl na současnou
ruskou prózu možná hlubší vliv než *Doktor Živago?*)
četl o bigbandu, který v posledních letech Stalinovy
vlády existoval kdesi na Sibiři a hrál "St. Louis

---

*L. Dorůžka, I. Poledňák, *op. cit.*, p. 102.

Blues", "When the Saints", "Riverside Blues"...
Jiná kapitola z legendy o apoštolech, kteří se často
stali mučedníky.

Také Inka, naše zbožňovaná Královna swingu, se
stala mučednicí. Po válce přestala veřejně zpívat,
aby se věnovala profesionálnímu studiu zpěvu. Pět
let později usoudila, že je čas pokusit se o comeback.
Koncertní agentura ji zařadila na nedělní odpolední
estrádu ve velkém sále Lucerny v Praze. Zazpívala
jednu píseň těsně před přestávkou, a po ní měla zpí-
vat druhou. Byla to stará swingová písnička, a kdež-
to smysl pro rytmus Ince zůstal, její hlasový rejstřík
se zdvojnásobil. Odměnil ji hřímavý potlesk, a tak
píseň opakovala, jenže tentokrát zazpívala celý
jeden chorus skatem. Potlesk nebral konce. "Když
jsem se vypotácela do zákulisí," řekla mi po letech,
"myslela jsem si: Tak jsem to dokázala! Ale stál tam
takový chlap, takový co nosili modré košile, víte?
Myslím, že si říkali Mladá stráž nebo tak nějak.
Mračil se jak noc, byl bez sebe vztekem, a zařval na
mě: 'Taková provokace! Zmizte! Můžu vás ujistit,
že na veřejnosti už si neškrtnete!' A to se taky stalo.
Ani mi nedovolili zazpívat tu druhou písničku po
přestávce."* V té chvíli jsem si vzpomněl na Vicher-
ka a na jeho skatovaný chorus v "Tiger Ragu" za
jiné okupace.

---

* Pro zajímavost: mládežník, jehož Inčina hlasová improvizace
tak spravedlivě rozzuřila, žije nyní jako politický emigrant ve
Švýcarsku.

Jenže tok času přinesl politické události, jež ohrozily ničím neomezenou vládu provinčních zdravých jader (a esčémáckých šturmtruperů v modrých košilích), a také platnost jejich muzikologických teorií. Začali jsme uvažovat, jak získat povolení, aby Czechoslovak Dixieland Band (nyní proměněný v Pražský dixieland) mohl opět vystupovat na veřejnosti a v Praze. A tehdy se nám dostalo neočekávané pomoci z U.S.A. Americký basista jménem Herbert Ward požádal v Československu o politický asyl, čímž, jak ohlásil partajní tisk, "zasadil novou vážnou ránu americkým imperialistům". V článku se rovněž pravilo, že Ward hrával s Armstrongem. Ihned jsme ho s Luďkem Švábem, kytaristou Pražského dixielandu vyhledali v pražském hotelu Gráf na Vinohradech, a ukecali ho tak, že přijal roli, o jejímž významu nic netušil, a jíž se v stalinské hantýrce říkalo "zaštítění". Defakto jsme ho bezohledně využili. Spěšně jsme dali dohromady revui *Opravdu Blues* (titul ukradený z Mezz Mezzrowa), v programu jsme otiskli Herbovo superprotiamerické prohlášení, Pražský dixieland ho doprovodil, když zpíval vlastnoručně vyrobené blues o tom, jaké to je, mít neustále v patách policejní špicly (zvláště pikantní blues v policejním státě, kde každý velice dobře věděl, jaké to je), Herbovu sexy manželku, tanečnici Jacquelinu, jsme oděli originální *robe-sac*, vypůjčenou od jedné pražské dámy, jež si jako mladá dívka užívala v Paříži, a s potěšením jsme sledovali, jak na jevišti Rudého domu na Poříčí tancuje výstřední a dekadentní charleston. Protože Herbovo příšerně vyřvávané blues mělo protiamerický text a jelikož Jackiina kůže nebyla zcela bílá, úřední místa se neodvážila protestovat a náš úspěch byl obrovský. *Opravdu blues* nakonec zaniklo pro potíže rázu spíše amerického. Herb a Jacqueline chtěli víc peněz. Producent, vázaný honorářovými normami, nebyl s to jim je poskytnout, a tak naše revue předčasně zemřela. Po letech se Herb s Jacquelinou vydali na cestu, po níž kráčelo tolik amerických exulantů: domů do Států, kde slova amerického spisovatele "domů se vrátit nemůžeš" neplatí. Platí však v jiných zemích, v těch, které posílají své vlastní spisovatele do exilu, do koncentráků, anebo na smrt.

Opravdu blues byl konec začátku. Jazz se poznenáhlu připodobnil Mississippi, s četnými pramínky vějířovitě se rozbíhajícími z její delty. Strana si našla jiné terče: Elvise Presleyho, malé rock'n'rollové party s kytarami po domácku elekrizovanými, novou úrodu jmen vyvolávajících v mysli vzdálená místa - Hell's Devils, Backside Slappers, Rocking Horses - nové výkřiky z podzemí. Koncem padesátých let zatkli skupinu mladých lidí, a některé odsoudili do vězení, protože si v najaté místnosti v Mánesu přehrávali z pásky "dekadentní americkou hudbu" a oddávali se "výstřednímu tanci rock'n'rollu" (při jejich procesu se nad tribunálem opět vznášel duch Vicherkův). A protože masy mladých lidí začly následovat jiné hvězdy, vlastní jazz, ať experimentální nebo mainstreamový, přestal být považován za nebezpečný, a léta šedesátá se stala dobou vládou sponsorovaných Mezinárodních jazzových festivalů. Ve velkém sále Lucerny zněla hudba Dona Cherryho, Modern Jazz Quartetu, Teda Cursona... Tleskali jsme jim, i když to většinou nebyla ta muzika, kterou jsme znali a milovali. Byli jsme staří, věrní pamětníci. Široký, medový zvuk saxofonů byl ten tam. Tohle buď byla esoterická muzika, anebo jsme zestárli...Jazz není jenom hudba. Je to láska mladých let, která zůstává navždy zakotvená v duši, nezměnitelná, zatím co živá muzika se mění; ty navěky volající Luncefordovy saxofony...

Tehdy jsem napsal *Bassaxofon,* a psal jsem o věrnosti, o jediném pravém umění, kromě něhož žádné umění není, o tom, čemu člověk musí zůstat věrným na život a na smrt; o tom, co je třeba dělat až do zhroucení, i kdyby to bylo jen nepatrné umění a terč útrpných posměšků. Pro mě byla literatura vždycky hrou na saxofon, zpěvem o mládí, když mládí už je nenávratně pryč, zpěvem o mateřské zemi, když člověka schizofrenie našeho času zahnala do země za oceánem, do země - jakkoli přátelské a pohostinné -, která není nikdy docela zemí jeho srdce, neboť k jejím břehům doplul příliš pozdě.

Protože kovové kočárky sovětů se zhouply, a já jsem odešel. Jazz pořád vede svou nejistou existenci v srdci evropského politického šílenství, třebaže bitevní pole se přesunulo jinam. Ale je to ta stará, známá historie: východní Evropou obchází strašidlo,

strašidlo rocku: proti němu se spojili veškeré mocnosti starého světa - Brežněv i Husák, Suslov i Honecker, východoněmečtí obskurantisti i čeští fízlové. Líbezná nová slova se vynořila z podzemí, podobná "kristýnkám" a "potápkům" nacistické éry: teď jsou to "máničky" pro mladíky s dlouhými vlasy, "andráši", zrození z české výslovnosti amerického "underground", pro *aficionados* rocku obou pohlaví. Anonymní organizátoři pořádají Woodstocky v těch starých, zapadlých městečkách východních Čech, často surově rozehnané policií, po nichž následují zatčení, výslechy, pronásledování, všechny radosti života v policejním státě.

A legenda tedy pokračuje... a řetěz jmen. The Ghetto Swingers, bezejmenný band z Buchenwaldu, bigband Stalinovy Sibiře, neznámí jazzoví poslové v nacistických uniformách, křižující se svými aranžmá Evropu, The Leningrad Seven - anonymní *aficionados*, kteří v Moskvě šedesátých let přeložili pro ruský samizdat z českého překladu původních amerických materiálů teoretickou antologii *Tvář jazzu* - a jiní fandové a bandy, ještě mnohem obskurnější, vyhrávající, co já vím, možná i v Maově Číně. K nim je třeba připojit Plastic People of the Universe a DG 307, dvě podzemní skupiny rockových muzikantů a avantgardních básníků, jejichž členové, v době kdy tohle píšu, byli v Praze odsouzeni do vězení "pro organizované veřejné výtržnosti". Ten odporný slovník pekla, slovník Goebbelsův, vrahounský slovník...

Můj příběh se chýlí ke konci. *Das Spiel ist ganz und gar verloren. Und dennoch wird es weitergehen...** Stará muzika umírá, ale má tolik silných a životaschopných odnoží, které přirozeně budou nenávidět. Jenže pokud jde o mne, Duke odešel, Satchmo odešel, Count Basie právě sotva přežil infarkt, Little Jimmy Rushing odešel cestou všeho těla...

> *anybody ask you*
> *who was it sang this song,*
> *tell them it was...*
> *he's been here, and's gone.***

To je epitaf malého Pětkrátpět. Takový epitaf bych si přál pro své knihy.

Toronto, 1977
Přeloženo z anglického originálu

---

* *Hra je skrznaskrz prohraná. A přesto se bude hrát dál.* Z básně Ericha Kästnera.
** *...když se vás někdo zeptá/ kdo to byl kdo zpíval tuhle písničku,/ řekněte mu: Byl to malý Jimmy Rushing/ byl tady, a je fuč.* Verš z blues Jimmyho Rushinga, Counta Basieho a Lestera Younga "Baby Don't Tell On Me".

Legenda Emöke

Ó matko molů, matko lidí, matko všeho,
dej molům sílu k návratu do světa přetěžkého,
že jsou tak útlí a že tolik je jich zapotřebí
ve světě, kde stvůry mamutí se šklebí!

Tennessee Williams

Příběh se stává a zapadá a nikdo jej nevypráví. Potom někde žije člověk, odpoledne jsou horká a marná a přijdou vánoce a člověk umírá a na hřbitov přibude nová deska se jménem. Dva, tři, muž, bratr, matka nosí ještě několik roků to světlo, tu legendu v hlavě, a potom také umřou. Pro děti je to už jenom starý film, nezaostřená aura rozlité tváře. Vnuci nevědí nic. A ostatní lidé zapomenou. Po člověku není už ani jméno, ani vzpomínka, ani prázdno. Nic.

Ale budova, rekreační středisko, bývalý hotel, penzion, venkovský hostinec či co to bylo, skrývá dosud ten příběh dvojí lidské pošetilosti, a stíny jeho postav lze snad ještě dnes spatřit v místnosti pro masovou zábavu nebo v pingpongovém sále jako zmaterializované představy vlkodlaků v opuštěných starých domech, jež tkví v zajetí mrtvých lidských myšlenek a nemohou se hnout z místa, sto, pět set, tisíc let, možná navěky a navždycky.

Strop té místnosti se svažoval, byla to podkrovní komora a okno měla vysoko nad podlahou, nebylo z něho vidět ven, jenom když si člověk přistrčil ke stěně stůl a vylezl na něj. A hned první noc (byla horká, srpnová, pod oknem šuměly jasany a lípy jako vzdálené hučení diluviálního moře a dovnitř proudily noční vůně trávy a kobylek a cikád a cvrčků a lipových květů a cigaret a z městečka zaznívala hudba, cikánská muzika, hrající Glen Millerovu starou In the Mood, ale houpavým cikánským rytmem, a pak Dinah a pak St. Louis Blues, ale byli to cikáni, dvoje housle, basa, cimbál, a ne boogie--woogie, ale cikánský houpavý puls a primáš cifroval v blues tóninách a houpavým cikánským rytmem) začal učitel mluvit o ženských. Hovořil ve tmě, v posteli, chraplavým hlasem a snažil se ze mne vytáhnout, jak na tom jsem já se ženskými. Řekl jsem mu, že se před vánocemi budu ženit, beru si vdovu, vdova se jmenuje Irena, a myslel jsem přitom na Margitku a na jejího muže, který mi vzkázal, že mě zmlátí, jestli se ještě jednou ukážu v Libni, a na libeňskou pouť a na Margitku s uřvaným červeným nosem jako nos hliněného trpaslíka dole na zanedbané, pohřební zahradě za hotelem, penziónem, rekreačním střediskem či co to bylo. On vykládal pak sám o ženských, slova plná oplzlých představ, vulgární, sprostá se mu valila z huby, z toho králičího mozku, a hluboce mě skličovala. Jako by po mně sáhla smrt z pouště toho venkovského učitele, kterému bylo padesát, měl ženu a tři děti, dvoutřídní školu a žvanil tu o ženských, o pohlavních stycích s mladými kantorkami, které musily opustit matku a odejet s dvěma odřenými kufry bůhvíkam daleko do hor, do pohraničí, do vesnice, kde nebylo kino, jen hospoda, jen pár dřevorubců, pár cikánů, pár osídlenců, které sem zahnaly všelijaké plány a sny a špatná svědomí, a jenom opuštěná fara a předseda národního výboru, bývalý nádeník na švarcenberském panství, jenž si nesl v krvi dědičný vzdor mnoha generací, které svlažovaly půdu vlastním potem, ale samy půdu neměly, a jehož sem po revoluci zahnal ten vzdor, ten hlad po půdě, a nyní ji měl a dřel se na ní zas jako dřív, jako všechny ty generace jeho šlachovitých a neholených předků, ale půda byla teď jeho, a pak učitel, který jediný ze všech uměl hrát na housle a znal slova jako Karel Hynek Mácha a Bedřich Smetana a Fibich, v nichž bylo zakleto kouzlo dívčích vlasteneckých ideálů i poezie učitelského ústavu, kde se mladé ženy připravují na nejkrásnější povolání, a měl ženu a (tenkrát) dvě děti a bylo mu čtyřicet, ale říkal, že ji miluje, psal jí dopisy učitelským krasopisem a básně, které jako by už někde četla (učitel měl starou příručku milostné korespondence s milostnými verši anonymních básníků, které si přizpůsoboval okamžité potřebě), a ráno mívala na katedře kytičku petrklíčů nebo snítku protěže nebo karafiát nebo svazek konvalinek a poslouchala ho, scházela se s ním za vesnicí, v kleči, v borovém podrostu, kde přes holé kopce foukal vítr pozdního léta a městečko stálo studené s kostelní věží trčící k nebi, oprýskané, nažloutlé, napůl opuštěné pod ocelovým měchem podzimních mraků, a potom svolila a vzala ho do svého pokoje a on mi teď vypravoval: "..řekla, že je moc světlo, že se stydí, jenomže tam neměla nic než žárovku na šňůrce, žádný stínítko, nic, tak jsem s ní stáh kaťata, takový modrý, trikotinový, a pověsil jsem je na tu žárovku a hnedka tam bylo jako za Německa v tramvaji vo zatemnění, a pak jsem jí to udělal..." Byl to člověk úplně ovládaný smrtí a na mě klesla pustota toho života, pustějšího než život myši nebo polního vrabce nebo pásovce, zavřeného v drátěné kleci v zoologické zahradě, který jen dupe na plechové podlaze a dychtivě a rytmicky frká čumákem a pak se nažere a pak se vykopuluje a zase běhá a frká a dupe a spí, protože je to pásovec, komické zvíře, které žije optimálně podle zákona pásovců, ale tohle byl člověk, donedávna třídní učitel a člen národního výboru, teď z trestu přeložený na dvoutřídku do pohraničí ("Zased si na mě inspektor, velkej soudruh, víte, záviděl mi, protože sám je na mladý kantorky levej."), pokračovatel staré tradice učitelů, kteří kdysi, už dávno, přinášeli knihy a hudbu a krásu a filosofii do horských chalup a do takových vesnic, jako byla tato vesnice, manžel ženy, která zůstala sama ve vnitrozemí a dostávala odlučné, otec tří dětí, a žil podle zákona polních myší nebo pásovců.

Ta dívka (ne učitelka, ale ta, která seděla první den večer vedle nás u stolu v jídelně a poslouchala kulturního referenta, jenž rozvíjel dalekosáhle obsažný plán masové činnosti v našem turnusu) měla postavu, jakou mívají tanečnice, štíhlou jako noční lucerny, chlapecké boky a skleslá něžná ramínka a ňadra podobná ňadrům stylizovaných soch, jež neruší tu štíhlou, mladou symetrii těla v trikotu. A oči mandlové, gazelí, tmavé, vypálená nitra milíře, a vlasy cikánek, až na to, že byly vykartáčované do matně lesklé černě mramoru. Šli jsme vedle ní po celý ten den, byl to výlet do poutního místa Mariatal, kam se dříve sjížděli věřící z celého Rakousko-Uherska nebo snad z celé Evropy, a teď to bylo opuštěné a zanikající lesní údolí a já cítil po jejím boku ostych a všechna témata se mi zdála bezvýznamná a také nepoužitelná. Nebylo možné s ní mluvit o obvyklých věcech, zapřádat konverzaci, kde slova neznamenají nic nebo jen tolik co kohoutí volání nebo hýkání výra, který v korunách borovic láká samičku. Zdálo se mi, že je třeba mluvit o myšlenkách. Nebyla to dívka, jakým se člověk přibližuje v kavárně a řekne Smím prosit, slečno, a potom něco, že hezky hrajou a že má krásné šaty a jaké má telefonní číslo, a pak se na to číslo zavolá a ona buď nepřijde, nebo přijde, a když přijde, jde se zase tancovat a pak se už nemusí mnoho mluvit a záleží na tom, má-li člověk byt nebo garsoniéru nebo alespoň bytnou, která mlčí, a když nemá nic z toho, tedy dost peněz na dva pokoje v hotelu. Tohle však byla hluboká dívka a někde v hloubce její duše ležela ukryta životní filosofie a muselo se mluvit o té filosofii a jenom tak se k ní mohl člověk přiblížit, jinak ne. Učitel to ovšem nevěděl a vyrážel skřeky, prskal vulgárními slovy, oplzlými schématy konverzace z tancovaček, vtipné konverzace venkovských a předměstských seladonů, střídal a zkoušel obraty a triky, které od dívky vyžadují přesné odpovědi a přesné fráze, jako dialog kněze a ministranta, v odvěkém sexuálním rituálu navazování známosti, ale ona nepoužívala oněch petrifikovaných responsorií, mlčela a říkala jen Hej (byla to Maďarka, neuměla česky, mluvila zvláštní řečí smíšenou ze slovenštiny a maďarštiny a nějakého cikánského či podkarpatoruského jazyka), nebo Ne, a učitel brzy všechny své triky a schémata vystřídal, odmlčel se, utrhl nějakou travinu z okraje cesty a strčil si ji do úst, začal ji žvýkat a šel, zmožen a mlčky a s tou travinou čouhající mu z úst rovně dopředu. Vtom přeletěla přes cestu obrovská vážka a já se dívky zeptal, ví-li, že kdysi žily na zemi vážky, které měly rozpětí křídel tři čtvrtě metru. Podivila se a řekla, že to snad ani není možné, a já začal mluvit o třetihorách a druhohorách a o Darwinovi, o vývoji světa, o slepém a nutném běhu přírody, kde slabší požírá silnějšího a živočichové se rodí proto, aby sháněli potravu, měli mláďata a zemřeli, a jiný smysl to nemá, smysl je vůbec lidský pojem a příroda je strohý kauzální nexus a nikoliv barevná smysluplná, mystická teleologie. A tu ona řekla, že nemám pravdu, že příroda má smysl, i život. A jaký? zeptal jsem se a ona řekla Je to Bůh. "Tak už toho nechte," řekl učitel. "Slečno, nemáte chuť na pívo? Je vedro jako vo prázdninách." Ale ona zavrtěla hlavou a já řekl Vy věříte v Boha? Věřím, řekla, a já řekl Bůh není. Bylo by krásné, kdyby byl, ale on není. Vy jste k němu ještě nedospěl, řekla. Jste dosud fyzický člověk, jste ještě nedokonalý. Ale jednou k Němu dospějete. Jsem ateista, řekl jsem. Já jsem také byla ateistka, řekla, ale prohlédla jsem. Poznala jsem Pravdu. Jak se to stalo? zeptal jsem se ironicky, neboť byla štíhlá jako tanečnice a tanečnice sice často chodí do kostela a klekají a křižují se, ale v Boha nevěří, totiž nepřemýšlejí o něm, mají ho jako pověru, podobně jako na sebe nechávají plivnout, než vstoupí na jeviště, než nasadí profesionální úsměv a vběhnou miniaturními krůčky do záře reflektorů. Když jsem se vdala, řekla, a učitel, který do té chvíle šel zase mlčky a žvýkal novou travinu, procitl ze stuporu pitomců a řekl: "Vy jste vdaná?" Ne, řekla ona. Jsem vdova. Ale když jsem byla vdaná, naučila jsem se věřit. Váš manžel byl zbožný? zeptal jsem se. Zavrtěla hlavou. Ne, řekla, on byl velmi fyzický, neměl v sobě nic z psychického člověka. "Tak to jste mladá vdova, co?" řekl učitel. "A vdala byste se znova?" Ne, řekla Emöke (jmenovala se Emöke, byla to Maďarka, její otec, poštovní úředník, byl po záboru jižních slovenských okresů přeložen do Košic a jmenován poštmistrem, udělal tedy kariéru, na kterou celý život čekal, stal se z něho pán a začal pansky žít, s pianem, salónem, s dcerou na gymnasiu se soukromými hodinami francouzštiny). Já se už nikdy nevdám. Proč jste tak rozhodnutá, zeptal jsem se. Poněvadž jsem poznala, že v životě mohou být vyšší cíle, řekla. Jako vy, pravila, říkal jste, že to jsou jen příčiny a následky. Tak se to zdá vám. Ale já v tom vidím smysl, který vy v tom ještě nevidíte. Jaký? zeptal jsem se. Všechno to směřuje k Bohu, odpověděla. K splynutí s Ním. V tom je smysl všeho života.

Mezi věřícími a nevěřícími není dorozumění, ale hradba, ocelový pancíř, o nějž se argumenty lámou. Dělal jsem co jsem mohl, abych jí vysvětlil, že to je právě jen její lidská představa smyslu a nutnosti nějakého smyslu, kterou si člověk vkládá do toho slepého a nesmyslného přírodního dění, že to je to, o čem jsem mluvil, smysl že je antropomorfní představa, vzniklá z toho, že každé lidské konání má nějaký "smysl", vaříme, abychom se mohli najíst, jsme na rekreaci, abychom se osvěžili, čistíme si zuby, aby se nám nekazily, a tuhle představu smyslu přenášíme pak do přírody, kde nám chybí, ale ona se jen usmívala a na všechny moje důkazy a argumenty a na bezmocný vztek (nebyl to zlý vztek, ale zoufalý vztek, že ji nemohu přesvědčit o tak zřejmých pravdách, že je tu něco, nějaká schopnost nebo neschopnost, něco mimo logiku, co se suverénně vzpírá důvodům) odpovídala jen mírným, klidným, skoro povzneseným úsměvem a slovy Vy jste prostě fyzický člověk, Jste ještě nedokonalý. Tu jsem se jí zeptal, jestli ke mně tedy necítí nenávist nebo jestli mnou neopovrhuje, když jsem ateista, a ona zavrtěla hlavou a řekla Lituji vás. A proč? Protože snad budete muset prožít ještě mnoho životů, než se stanete dokonalým. A než poznáte pravdu. Mnoho životů? zeptal jsem se. Ano, řekla Emöke. Protože se musíte stát psychickým člověkem, než uzříte pravdu. "To vy věříte na stěhování duší, slečno?" řekl učitel. Nezáleží na tom, jak se tomu říká, pravila. Ani Bůh nemusíte říkat. Na slovech nezáleží. Ale musíte znát pravdu.

Vkročili jsme do toho lesního údolí Mariatal, kde stál bílý poutní kostel a k němu vedla široká ulice opuštěných pouťových bud, které voněly zatlívajícím dřevem. Prkenné pulty, kde kdysi dávno léžívaly hromady perníkových srdcí, svatých obrázků, zrcátek s obrazem kostela a z horního trámu se kývaly černé, bílé a červené růžence, stříbrné a zlaté madonky na řetízcích, miniaturní kropenky s obrázkem boží rodičky, kříže z plechu, ze dřeva s plechovými Kristy, vyřezávané, hladké, boží božehnání na stěny venkovských sednic, obrazy mariatalské Panny, dotýkané obrázky a voskové devocionálie a vedle stála bouda se špalkem tureckého medu a muž v bílé zástěře s fezem na hlavě z něho zakřiveným sekáčkem obratně usekával lepkavé a sladké šupiny, a kousek dál byly stánky se žinilkovými šátky, s bavlněnými punčochami, se skleněnou bižutérií, párkařský stánek a zase bouda se svatými obrázky a venkované v černých šatech a černých kloboucích si utírali zpocené obličeje do červených kapesníků a černé šněrovací boty na nohou měli zaprášené od dlouhé cesty a babičky v bílých nedělních šátcích a utahané děti a znavené vesnické párky, které se sem přišly pomodlit za zdar mladého manželství, za početí, které nepřicházelo, a staří lidé za šťastnou hodinku smrti, z kostela zněly varhany a poutní zpěv a cesta se zatáčela lesem po stráni vzhůru, lemována bílými kapličkami, kde na dřevěných oltáříčích byly ručně malované výjevy ze života světců a světic božích, teď už dávno vybledlé a oprýskané, otřelé mnoha dešti a drsným horským počasím, a na schůdky jedné kapličky si vylezl kulturní referent rekreačního střediska v šortkách a s chlupatýma pavoučíma nohama (první večer vykládal o kulturním plánu turnusu, ale druhý den večer se ožral a třetí den vyspával a nakonec na večírku na rozloučenou se zpil do němoty, svalil se pod pódium s hudbou a muzikanti na něho vylévali sliny ze saxofonů) a začal přednášet o poutním místě a hned z prvních slov mi bylo zřejmé, že neví nic nejen o katolické církvi a dogmatice a liturgii a tradici a katechismu a církevních a biblických dějinách, ale vůbec o ničem, udělal vtip o tom, že si sem do Mariatalu neplodné manželky a impotenti chodili vymodlit mízu, a pak zvážněl a přednesl expozé o náboženství, úžasnou mišmaš nejzoufalejší vulgarizace poznatků Engelsových, vědu přežvýkanou pro utěsněné mozky a použitou jako odvedená práce za těch dvanáct stovek měsíčně, které kulturní referent bral, ne popularizaci vědy pro neškolený, ale přirozeně inteligentní mozek pracujícího člověka, ale sprosté polo - a čtvrtpravdy pro příživnické pijavky, kterým je pravda šumafuk, ne vědu, ale pavědu, profanaci vědy, výsměch, urážku vědy, ne pravdu, ale pitomost, necitlivost, necitelnost, hroší kůži, jíž nemohly proniknout šípy té tragické zoufalé poezie zoufalého snu, který uskuteční teprve budoucnost v komunistickém světě budoucí moudrosti bez ožralých obejdů, štítících se manuální práce a živících se špatně naučenými větami průvodců po starých zámcích, té poezie slunečných poutních dnů, kdy do hlasů varhan vřeští papírové frkačky a vůně jehličí a borovic je prosycena sladkým zápachem kadidla a malí ministranti s červenými nebo zelenými límci a v šněrovacích botách pod komží horlivě kývají kadidelnicí a nádherou lesa a jeho stínů a světel a kukaččích volání kráčí kněz v zlatém ornátě a pozvedá zářící monstranci, v jejímž třpytivém středu je ten bělostný kruh, ten nejdokonalejší plošný tvar starých Řeků, a monstrance pluje nad skloněnými hlavami v šátcích a nad šedinami venkovských stařečků, oblitá kouřem kadidel, zatopená září slunce a lesního stínu jako symbol té věčné lidské touhy a naděje, která bude realizována zde a na této zemi, ale která není možná, není myslitelná, uskutečnitelná bez této poezie prosté lidové víry v dobro, jež konec konců světu vládne, v lásku, ve spravedlnost; víry, naděje a lásky, jaké nebyl schopen mozek toho opilého vulgárního, tupého kulturního referenta.

Ten večer v ložnici mi učitel řekl: "Se mi zdá, že to se ženskejma moc neumíš. Copak takhle se de na babu? S řečičkama vo pánubohu a vo dynosaurech a tak? Takhle jí, hochu, za ten tejden do postele nedostaneš."

Vyprávěla mi potom, jak to bylo. Emöke. Učitel vstával časně a brousil ráno pod jejími okny, cenil na ni žluté zuby a volal za ní svoje seladonské vtipy, jakmile se objevila v okně, aby z napjaté šňůrky sundala bílé ponožky, které si večer vyprala a pak je pověsila do okna uschnout. Učitel říjel pod oknem, když mu jen vlídně a chladně řekla Dobré jitro a on navrhl: "Nechcete si po ránu trochu proprat plíce, slečno? V lese je úplnej ozón!" a ona zavrtěla hlavou a řekla mu Ne a on odcházel sám a pak celý den kroužil kolem ní, s očkama svítícíma v požívačné tváři, v mozku se mu převalovalo těch několik myšlenek, které měl v moci, ne myšlenek, ale konverzačních schémat, a vždycky čas od času popošel k ní a některé z nich vytáhl a použil, neuspěl a zase odešel a zase svítil očkama, pozoroval ji mlsně z dálky a obcházel jako načepýřený kohout kolem nedosažitelné cizí slepice. Vyprávěla mi ten příběh, tu legendu. Byla jako z kalendáře, jako příběhy, které prý svěřovaly prostitutky zákazníkům v nevěstincích, o mládí v šlechtických domech, o pádu a zchudnutí a žalostném prodeji vlastního těla. Jak po válce zůstali v Košicích, ale otec, maďarón, exponent režimu, úředníček a fašista, byl zničen, znemožněn, bez penze, bez možnosti žít, příliš starý a nemocný, aby mohl jít na silnici nebo do lesa k drvoštěpům, a matka sehnutá a odmítající tělesně pracovat, a ona mladá, v sextě maďarského gymnasia, které zrušili, a tu přišel ten člověk, patřily mu statek a vinice, měl v Bratislavě hotel, byl boháč, pětačtyřicátník, a ona svolila, aby zachránila rodinu před bídou nebo smrtí hladem nebo stářím v chudobinci, byl pánovitý, zlý, omezený, na nic nevěřil, na Boha, na demokracii, na lidskou slušnost, na nic, jen na sebe, a chtěl syna pro svůj statek a hotel a vinici, ale neměl národnostní předsudky a nevadilo mu, že je Maďarka. Narodila se jim dcera a tu od ní odešel a zpil se do němoty a týden na ni nepromluvil a pak ji začal také bít, když byl opilý, na statku se scházela bujná společnost, přijížděla auta z Bratislavy, z Košic, z Turčanského Svatého Martina, v jeho pracovně se konaly porady, stal se členem demokratické strany, ale ona na to nemyslela a tenkrát, když k ní v noci přicházel a s dechem páchnoucím jako sklep si na ní vynucoval to, co pro něho snad bylo rozkoší, ale pro ni utrpením a hanbou, tenkrát, když poznala toho muže s býčí šíjí a s těžkým dechem, poznala také pravdu, seznámila se s jiným mužem, zahradníkem, který měl tuberkulózu a pak zemřel, ale začal jí půjčovat knížky o Bohu, o rozvoji duchovních sil, o psychickém vesmíru a záhrobním životě a ona pochopila, že to vše tady je jenom nesmírný proces očištění od poskvrny zla a zlo je hmota a člověk se očišťuje od hmoty, od těla, od žádostí a jeho cíl je v Duchu, ale ani tam ne, i to je jen stadium, vyšší než fyzické, ale konečný cíl je Bůh, splynutí s Ním, rozpuštění vlastního já v té nekonečné hladině blaženosti, z níž tryská mystická boží láska a dobrota.

On potom přišel o život. Po Únoru mu sebrali hotel a potom statek a pak ho zavřeli, ale on uprchl, pokusil se přeplavat Dunaj do Rakouska, ale byl zastřelen. Ona dostala místo úřednice, naučila se účetnictví a je dobrou účetní, žije teď v Košicích s malou dcerkou, o kterou se stará, rodiče už jsou mrtvi a ona chce dcerku vychovávat k pravdě, kterou sama poznala.

Půjčila mi potom některé ty knížky. Byly to svázané ročníky jakési metapsychologické a theosofické revue, četl jsem tam článek o účincích amuletů a o prospěšnosti měděného kruhu, jenž nosí-li se v době přísluní Marsu na nahém těle, chrání před revmatismem a krvotokem, a zeptal jsem se jí, není-li jí to divné, že lidé tolik zdůrazňující ducha zároveň tak horlivě pečují o tělo, neboť tři čtvrtiny těch theosofických předpisů týká se ochrany před chorobami, a věří-li ona tomu všemu. Odpověděla mi, že v každém stadiu existence nutno plnit zákony, které dal Bůh, a zákony fyzické existence vyžadují péči o fyzické zdraví; a co se předpisů týče, nezkusil jsem je, ale popírám jejich účinnost; také jsem ještě nedokonalý a bráním se pravdě, všichni prý se brání pravdě, ale všichni ji jednou poznají, protože Bůh je Milosrdenství. A při těch slovech měla v očích ten výraz, pohled, záblesk úzkosti, jako by se bála, že ji chci o něco okrást, o tu jistotu, kterou má a bez níž by už nemohla žít, nést tíhu té vdovské existence, tíhu lesního zvířátka, které očima prosí, aby je člověk netrápil a pustil do jeho lesní svobody, aby je ze své moci nechal odejít.

Učitel se mě ptal, jak jsem s ní daleko. Věděl jsem, že ji mám, jako to lesní zvířátko, v divné moci, v jaké někdy muži ženy mívají, bez zásluh, bez poctivého přičinění, bez přání, prostým neznámým faktem náklonnosti a poddanosti, ale nevyznal jsem se v tom, jako jsem se vyznal jindy, u Margitky, která byla prostá a erotická a nesložitá, a jenom jako by někde mezi mnou a jí na neviditelných spojeních nervových paprsků rostlo jakési drama, jakési možné naplnění, jež by mohlo zrušit tu zoufalou scestnou iluzi, proměňující štíhlé tělo a půvabnou tvář a drobná ňadra tanečnice a tu lidskou tvořivou sílu poctivé práce v mátožnou existenci jejího bludného kruhu.

Učitel se zamračil, zavrčel a prudce se otočil, až postel zavrzala.

Dva dny před skončením turnusu pršelo a rekreanti hráli ping-pong, karty anebo seděli v jídelně, chvíli někoho nutili, aby zabrnkal na piano, chvíli o něčem hovořili, kulturní referent se probral z opice předešlého večera a pokoušel se stmelit jakýsi kolektiv k jakési hře, které říkal francouzská pošta, ale přemluvil jenom starší manželský pár, jeho, který byl vedoucím konfekce v Pardubicích a bývalým majitelem konfekce a měl bříško a široké pumpky, a ji, tlustou, hodnou, ještě v padesáti letech vyrážející naivní výkřiky překvapení jako osmnáctileté dívky u kolotoče, která ožívala vždycky u oběda, ale ne proto, že by byla hltavá a lačná jídla, ale protože jídlo byla jediná věc, které v životě porozuměla, jinak pro ni všechno byla mlžina života, řízená světly bezpečných staletých konvencí, prvního mateřského poučení, tanečních, rodiči pečlivě vybrané známosti, námluv, svatby, nedělního kostela (ale kdyby se jí někdo zeptal třeba jen na základní pojmy teologické vědy, nevěděla by nic, jen prostě chodila do kostela, zpívala ječivým nehudebním sopránem písně z kancionálu, klekala, bila se v prsa, křižovala se prsty namočenými ve svěcené vodě, světila kočičky a dávala sloužit zádušní mši za mrtvou maminku), dvou nebo tří porodů a kuchyně, která byla ostrovem bezpečnosti a kde se proměňovala v umělkyni, ve virtuosku mající absolutní sluch pro vůně a chutě, jako houslista rozezná čtvrt tónu i osminu tónu, ne mozkem, ale citem, něčím, co ostatní nemají a nikdy nemohou mít, co není výsledkem pěti nebo sedmi let učení v kuchyni u matky, ale darem shůry, kusem nesmrtelnosti, propůjčeným člověku navíc k jeho prostým obvyklým schopnostem a k mdlému mozku, v němž se pomalu pohybuje několik zakrnělých myšlenek, a k srdci, zalitému tukem, které není schopno falše a zloby, ale jen zvířecí, živočišné lásky k dětem, k manželovi, k rodině, k lidem, k životu, a odevzdanosti ke smrti, která je posledním z těch bezpečných světel, lemujících cestu od prvního procitnutí mlžinami života. A pak starou švadlenu, starou pannu, která prožívala svou první dovolenou mimo žižkovský domov, vzornou pracovnici komunálního podniku Pánské prádlo, která celý ten týden proseděla, prostála, prochodila a nevěděla, co má dělat, a neměla o čem mluvit, protože tu nikoho neznala a v životě neznala nic než pánské košile, ale nikdy nepoznala muže a lásku a žila zakleta mezi prózou košil a primitivní poezií staropanenských snů; a páska, jenž se první tři dny marně ucházel o copatou Slovenku, která dala přednost černovlasému technickému úředníkovi, bývalému střelci R. A. F., jenž měl sice ženu a dítě, ale umění, v němž učitel nepřekročil nikdy stadium nejdiletantštějšího amatérismu, dovedl k vrcholu dokonalosti možné v tomto omezeném umění, a pásek se nakrkl, zatvrdil, stáhl se se svými pruhovanými ponožkami a černou hedvábnou košilí do vzdorné samoty sálu masové zábavy a nyní byl napůl získán pro hru francouzská pošta, vzdorný a trucovitý; a konečně neurčitého zamlklého muže, který byl snad mistrem v jakési továrně, ale nikomu neřekl ani slovo, a s těmito lidmi zmítanými pocity téměř povinnosti užít si ten týden, tu výhodně levnou či dokonce bezplatnou rekreaci, a bezradnosti, pokud jde o způsob, jak uskutečnit toto užití, neboť všichni podlehli omylu, že je možno užít si čas způsobem jiným, než na jaký jsou zvyklí, lidé, kteří neznali nic než práci a práce se jim stala potřebou jako vzduch a jídlo a nyní přesazeni do života lidí bývalých dob, kteří práci nikdy nepoznali, manželek zámožných úředníků, důstojníků, lékařů, burziánů, akcionářů, synáčků bohatých otců, tenisových, opálených sportovních dcerušek sladké buržoazie, pro něž volno bylo naplněním dnů a zábava povoláním, které ovládali, a kulturní referent teď s těmito lidmi obtíženými břemenem rekreace, sám dosud v kocovině, s šálkem černé kávy, zahájil kolektivní hru, aby udržel zdání výkonnosti, iluzi poctivě zasloužených dvanácti set svého měsíčního platu.

Učitel se potloukal po pingpongovém sále a pokukoval zlýma očima přes zelený stůl a skrze skleněnou přepážku do temného zákoutí rohové lavice v koutě obloženém dřevem, kde jsem seděl s Emöke, pak hrál zápas s brýlatým samoukem a prováděl ukvapené polovirtuózní drivy a smeče, z nichž většina končila v síti, ale když se mu přece některý zdařil, píchl vždycky mlsnýma očima po Emöke, jestli se dívá, a bral dlouhé míče s elegancí plovárenských povalečů nebo plavčíků hluboko pod stolem a s výrazem suverénní útrpnosti utloukal brýlatého nadšence, který hrál se zápalem a ne na efekt, ale pro hru samu, ale neměl nadání a neustále honil míčky zapadlé pod biliárové stolky v koutech sálu.

Já seděl s Emöke v tom zákoutí obkládaném dřevem, kde bylo skoro tma, a pil jsem grog, ale Emöke pila čínský čaj, protože člověk nemá pít alkohol, protože alkohol ho sráží na nejnižší stupeň fyzična, mění ho zpátky ve zvíře, kterým kdysi byl, a vyprávěla o léčení způsobem Paracelsovým, o stromech, které na sebe berou lidské choroby, stačí jemná jizvička v bříšku prstu a krůpěj krve vytlačená do zářezu v kůře a mezi stromem a člověkem vytvoří se pouto jemného vlákna průzračné a prajemné hmoty, jímž člověk zůstává navěky spojen s tím stromem, jako zůstává spojen se vším, co kdy vyšlo z jeho těla, s vypadlým vlasem, s dechem, s nehtem, který si ustřihl, a nemoc protéká tím vláknem do stromu a strom bojuje s nemocí a přemáhá ji, někdy zahyne a uschne, ale člověk ozdraví, zesílí a žije. Vyprávěla o posedlosti zlými duchy, o vymítání svěcenou vodou a modlitbami, o černé magii a zlých mocnostech, které člověku slouží, má-li odvahu postavit se do středu mezikruží, do něhož je vepsáno sedm tajemných jmen Nejvyššího, a modlit se z pekelného žaltáře modlitby, pozpátku, odzadu dopředu, vyprávěla o vlkodlacích, upírech, strašidelných domech a sabatech čarodějnic a její duch se potácel v těch nebezpečných světech, kterým člověk nevěří a posmívá se jim, ale jestliže se o nich jednou dozví, zbude mu v duši vždycky kapička hrůzy, děsu a strachu. Zapomněla na mě a já jsem mlčel, ona mluvila a v šedém světle deště se jí oči leskly jakýmsi horečným, nezdravým, nepřirozeným nadšením a já mlčel a hleděl na ty oči a ona si toho všimla a horečný lesk pohasl a také ze mne spadlo to podivné, zlé kouzlo čarodějné, deštivé chvíle a já se ironicky ušklíbl a řekl jsem Ale vy se snad nechcete proboha věnovat té černé magii? Vždyť to je koncentrované Zlo a vy chcete dospět k Dobru. A tu sklopila oči a řekla Teď už nechci, ale kdysi jsem chtěla. Kdy? zeptal jsem se. Tehdy, když už jsem to nemohla vydržet a měla jsem pocit, že Bůh mě neslyší, že na mě zanevřel. Tehdy jsem se chtěla obrátit o pomoc k Zlému, aby - aby mě ho zbavil. A udělala jste to? Udělala jste ty dva kruhy svěcenou křídou? zeptal jsem se. Ne, řekla. Bůh mě chránil. Teď už chápu, že Bůh člověka neustále zkouší, a mnoho lidí neobstojí v té zkoušce. Ale proč ho zkouší? řekl jsem. Aby se přesvědčil, je-li člověk hoden veliké milosti oproštění od všeho tělesného. Je-li už hotov. Ale člověk se přece neprosil Boha o stvoření, řekl jsem. Jakým právem ho Bůh zkouší? Bůh má právo na všechno, řekla, protože Bůh je láska. Je nejvýš milosrdný? zeptal jsem se. Ano, řekla. Proč teda stvořil člověka? Protože ho miloval, řekla. A proč ho teda stvořil? Proč ho poslal do tohohle světa plného utrpení? Aby ho zkoušel, zaslouží-li si jeho milosti, řekla. Ale copak ho tím vlastně netrápí? řekl jsem. Proč ho od začátku nenechal na pokoji, když ho miloval. Nebo když ho už stvořil, proč ho nestvořil hned dokonalého? Hned už k té nejvyšší blaženosti? K čemu celé tohle martyrium putování od Hmoty k Duchu? Ach, vy jste ještě nedokonalý, řekla. Bráníte se pravdě. Nebráním, řekl jsem. Ale chci mít důkazy, anebo aspoň logiku. Logika je též dílo boží, řekla. Tak proč se podle ní Bůh sám neřídí? On nemusí, řekla. Jednou to pochopíte. Všichni lidé to jednou pochopí a všichni budou spaseni. Zlo nakonec zmizí. Ale nemluvte už o tom, prosím vás, řekla a v očích se jí zase objevil ten výraz lesního zvířátka, které se bojí, že přijde o tu svou jedinou jistotu lesní svobody, přestal jsem o tom mluvit a odešel jsem ke klavíru, Emöke se opřela o resonanční desku a já začal hrát Riverside Blues, který se jí líbil, a pak jsem zpíval St. James' Infirmary a ze tmy a světla pingpongového sálu přišel učitel a postavil se za Emöke a já zpíval:

Do špitálu svatýho Jakuba
jdu navštívit ženu svou,
vidím ji na bílym stole,
krásnou, smutnou, bledou.

A pentatonická melodie, která kdysi vznikla přímo z toho základního lidského smutku, jenž nemůže vyústit v nic než v křečovitý pláč, smutku dvojice, která se navždycky loučí, vplula do jejího srdce a

Emöke řekla To je krásná píseň. Jaká je to píseň? To je černošské blues, řekl jsem a Emöke řekla Ano, černoši jsou prý velmi psychičtí lidé, slyšela jsem je zpívat náboženské písně z desky, u nás v kanceláři má jeden kolega desky z Ameriky. Ano, řekl jsem. Černoši jsou smyslní a potvory, ale mají veliký cit pro muziku. To je jen zdání, řekla. Jsou to psychičtí lidé, a já hrál dál a zpíval jsem, a když jsem skončil, řekl učitel: "Hergot, zmáčkni tam něco vod podlahy, ňáký bukibuki, ať si trochu skočíme, ne, slečno? Je tu nuda k ukousání, a ne rekreace!" A tu se Emöke zasmála a řekla, abych ji pustil k pianu, sedla si k němu a začala hrát jistými, přirozeně harmonizujícími prsty pomalou, ale rytmickou píseň, ozýval se v ní vzdálený pohyb čardáše, puls maďarské hudby, který je tak neomylný jako blue notes v černošské písničce, a zazpívala altem, který zněl jako rovný hlas pastýřské fujary, jež se nedá modulovat, zesilovat ani zeslabovat, ale je jistý a rovný a primitivně krásný, a ona zpívala tvrdou a sladkou maďarštinou píseň, která nebyla ani smutná, ani veselá, ale jen zoufalá, zčervenaly jí tváře a ta píseň nebyla už skřehotání černého mága v dvojitém křídlovém kruhu, ale volání pastýře na pustě, který neví nic o sabatu čarodějnic a černých mších, ale žije přirozeně, živí se ovčím sýrem a mlékem a spí v dřevěné chýši a zná několik pověr, ale nespojuje je s Nejvyšším ani se Zlým a jednou v životě ho posedne nezdolná touha a on jde a zpívá takovou zoufalou, toužebnou, rovnou, nemodulovanou a hlasitou píseň svou nemodulovanou a sladce tvrdou řečí a najde si družku a zplodí s ní jiné pastýře a žije dál o sýru a žinčici a s večerním ohněm a v pachu kůže a dřevěného uhlí ve své chýši. A tu mně napadlo, jak ji ta vulgární věta smilného učitele jakoby kouzlem vysvobodila z mátožného světa psychiky, a že tahle píseň vzniká z veliké tělesnosti, která v ní je, ale věděl jsem, že to byla jenom učitelova věta, ne učitel sám, a najednou jsem pochopil tu katarzi, k níž směřovalo její drama, to, že Zlý v jejím životě byl ten živočišný pětačtyřicátník, majitel hotelu a statku, který ji zahnal do říše nebezpečných stínů, do toho neskutečného, ale hrůzného světa představ, a ona nyní hledá Nejvyššího, Dobro, Lásku, psychickou, netělesnou, boží lásku, ale že stačí možná málo, a celá ta zvrácená symbolika obskurních metapsychologických týdeníků se může podivným, nepochopitelným, anebo spíše víc než pochopitelným zvratem duše postavit z hlavy na nohy, že tím Dobrým a Nejvyšším mohu být docela dobře já sám, že už jím možná jsem, i když si to ona ještě nepřiznává, ještě o tom snad ani neví, ale já už jím možná jsem v těch hlubinných, neznámých sklepeních našeho podvědomí, že už se jím alespoň stávám a mohl bych nyní rázem změnit ten příběh, tu legendu, mohl bych se skutečně stát Nejvyšším, Stvořitelem a stvořit člověka z tohoto krásného stínu, prchajícího zvolna a jistě do mlhovin šílenství, že tento mozek je dosud, ale ne už dlouho, schopen vrátit se ze slepé koleje neurčitých představ, po níž se ubírá, a vjet opět na pevnou stezku konkrétních věcí, ale už ne dlouho, už brzy se ztratí v šeru oněch oblaků, které se odpoutávají od pevné země a letí potom podle vlastních zákonů do propastí nesmyslných výšek a neznají zákon tíže, a tedy nic, co z toho základního zákona pramení, a mají svou pravdu, která ani není lží, protože je to prostě jiný svět a mezi ním a tímto světem není dorozumění, a z dívky se stává žena a ze ženy stařena a uzavírá se v tom světě, obkličována sítí vrásek, a její lůno přichází nazmar a duše se pomalu stává truchlivou litanií stařeckých hlasů v gotickém průvanu chodby z tohoto světa do toho druhého, o němž nevíme nic a který je možná nic.

"Ohromný, slečno!" řekl učitel, když dohrála, a začal tleskat. "A teď tam hoďte ňákej čardáš, ne?" Zasmála se a skutečně začala hrát čardáš, rytmus zdůrazňovala celým tělem, oči se jí leskly, ale bez lesklých stínů horečky jako předtím v koutě obkládaném dřevem. Učitel poodešel od klavíru a zatančil diletantskou napodobeninu čardáše, zavýskal (ale zcela mimo rytmus a zadupal mimo rytmus) a Emöke spustila píseň a učitel se směšně kroutil na parketu před pianem, ale její zpěv přilákal skupinku, která hrála hru francouzská pošta, i sportovní mladíky a dívky z pingpongového sálu a zábava se rozproudila, musel jsem zase sednout k pianu a obehrávat šlágry a několik mládenců a děvčat a učitel s Emöke se dali do tance. Emöke se změnila, vyloupla se jako pestré motýlí křídlo z šedivé a mysteriózní kukly a tohle byla ona, ne legenda, ale skutečná Emöke, protože ten primitivní a podvědomý učitel neuvědoměle a primitivně našel správnou metodu k srdci skrytému v hloubce a k cestě do její budoucnosti, ale jemu ta cesta a ta budoucnost nebyla souzena, protože jemu také nešlo o budoucnost, ale jen o přítomnost krátkého rekreačního týdne, jen o oplzlý požitek a oplzlou vzpomínku, která mu měla zůstat. To já měl jít po té cestě, ale ušel jsem už po cestě vlastního života příliš daleko, abych se dovedl bez rozmýšlení vrhnout do budoucnosti. Vytloukal jsem ze žlutých kláves, které se nechtěly vracet do původní polohy, šlágr za šlágrem a díval jsem se na ni, a tu jsem náhle začal, jako učitel, také toužit po tomhle těle, které bylo štíhlé a pevné, po ňadrech, která nerušila jeho symetrii. Věděl jsem však, že je to všechno velmi, velmi komplikované; že je na to recept (a učitel by jej byl jistě hlásal: Vyspi se s ní, a tím se všecko rozřeší), věděl jsem, že je to konec konců správný recept, ale že tomu cíli, tomu tělesnému aktu musí předcházet něco daleko jemnějšího a složitějšího než učitelova přibližovací schematika, a že vůbec nejde o ten akt, ale o závazek, který představuje a jehož je sám jen dotvrzením, dotvrzením společenství, které lidé uzavírají proti životu a proti smrti, jen stigmatem stvořitelského činu, který bych mohl vykonat, ale já netoužil po tom činu (znamenal by léta a léta života a člověk ví, že každé kouzlo se nakonec rozptýlí po krajinách minulosti a zůstává jen přítomnost, všední den), ale po tom těle, po tom příjemném a od jiných odlišném rekreačním dobrodružství; po ženském klínu v úpatí dívčích stehen; tím bych ji ovšem zničil, kdybych na sebe nevzal také ten celý život, a jak Emöke tančila s učitelem, začal jsem ho z celého srdce nenávidět, toho ne člověka, ale pouhý součet souloží, a na ni jsem dostal primitivní mužskou zlost za to, že s ním tančí, a že tedy není taková, jaká se mi zdála až do nedávné chvíle, ačkoliv jsem nesouhlasil s tím světem stvořeným ze zoufalých přání, ale radši takový svět než učitelův svět.

Proto když jsme se potom setkali na schodech cestou k večeři, zeptal jsem se jí ironicky, proč se tak věnovala učiteli; je to přece zřejmě člověk zcela nízce tělesný a ona řekla nevinně Já vím, je to fyzický člověk, bylo mi ho líto. Musíme mít slitování s lidmi, kteří jsou tak ubozí jako on, a tu já se zeptal, jestli mě jí líto není, jsem přece také fyzický. Nejste docela, řekla. Ve vás je už aspoň zájem o psychické věci, v něm ne; najednou byla zas docela jiná než s učitelem, do tváře jí opět veplul ten oblak z jiného světa, usedla s mnišskou nepřítomností ke stolu a nevšímala si mlsných pohledů učitelových ani pohledů páska, který dosud setrvával v úloze uraženého milovníka samoty, ale síly mu začaly ochabovat.

Potom po večeři, na půl deváté, ohlásil kulturní referent filmové představení úzkých filmů. Emöke odešla do pokoje a já na zahradu. Byla vlhká, plesnivá, zanedbaná, usedl jsem na zpuchřelou lavičku, provlhlou deštěm. Naproti mně stál trpaslík s opršeným obličejem, s uraženým nosem a s fajfkou, z jaké vždycky kouříval můj dědeček; měl v zahrádce také takového trpaslíka s takovou fajfkou a bílý hrad s mnoha cimbuřími a věžičkami a skutečným sklem v oknech a každé jaro pečlivě natíral plechové stříšky hradu červenou barvou, protože ho (sedmdesátiletého starce) snad dosud vzrušovaly představy, které vzrušovaly mě, když jsem byl malý, a vzrušovaly mě ještě teď, když jsem si vzpomněl na ten dědečkův hrad: že ten hrad je skutečný, zmenšený, titěrný, ale skutečný, že po centimetrových schodech vystupuje snad někdy královské procesí třícentimetrových lidiček jako z Gullivera, že za okny ze skleněných střepin jsou komůrky a pokoje a hodovní sály právě tak realistické jako ten hrad sám; nebo pohádka o Palečkovi: snil jsem, že bych byl Palečkem, že bych se mohl projíždět v autíčku na hodinový stroj, které se natahovalo klíčem, anebo v koupelně ve vaně v člunu, do jehož zádě se nalévala jakási chemická směs, a člun plynul tiše a pravidelně po miniaturním moři smaltované koupací vany. Zahleděl jsem se na kvetoucí, požívačnou, otlučenou tvář hliněného trpaslíka a byl jsem to zčásti já, já sám, třicet let starý, dosud svobodný, zapletený do poměru s Margitkou, vdanou ženou, a nevěřící už na nic, nic neberoucí příliš vážně, vidící do karet světu a životu a politice a slávě a štěstí a všemu, a osamělý, ne z nemožnosti, ale z nutnosti, a dosti úspěšný, s dobrým platem, celkem zdravý, celkem bez možnosti nějakého překvapení v životě, odhalení něčeho, co bych ještě nevěděl, ve věku, který se začínal hlásit počátkem drobných nepříjemností stáří, ve věku, kdy se lidé ještě v poslední lhůtě žení s možností dočkat se dětí dost starých, aby také prohlédly a také začaly vidět do karet, a ona, hezká, dosud mladá, s jedním dítětem. Maďarka, a tedy bytost poměrně nová, poměrně neznámá, ale zase přece jen dost stará, bylo jí osmadvacet, s dítětem, to by znamenalo zcela jinou ekonomii, a cizí, Maďarka, nepříliš inteligentní, nahlodaná tím šílenstvím metapsychologie, bůhvíjak svatá, odmítavá, snažící se obrátit jiné na svou víru, ideální objekt pro rekreační dobrodružství, nic víc, nic víc než to, ale s tím strašným pohledem lesního zvířátka, s tou velikou sebeničivou obrannou reakcí proti světu, v mlžinách mystických pověr. Byla to věc života a smrti, ne horkého večera, meze dost měkké, aby se na ní dobře leželo, několika profesionálních slov, správně vystižené chvíle, kdy se touha léta a nálada rekreačního týdne skloubí ve vhodnou konstelaci odhození obav a vůle k riziku a odevzdání, ale věc celého života, lásky nebo sebeobětování, anebo smrti v mlze mystiky, v psychiatrii půlnočních kroužků, které se schází okolo kulatého stolku a zvou na zem duchy svých představ, kroužků uvadlých lidí středního věku, podivínů, psychopatů, věřících v tomto dvacátém století v hýkaly a moc žabích chlupů nad rakovinou, opisujících pekelné žaltáře a modlících se pozpátku strašlivé černé modlitby středověkých zaprodanců Ďáblových, kteří neumírali přirozenou smrtí, ale bývali rozsápáni Ďáblem a z cárů těl a šlach a kostí, zlámaných žeber, roztekłých očí, vylámaných zubů, vytrhaných vlasů a cárů kůže byla duše vyrvána a odnesena do věčného žhavého hniloliště pekel, anebo modlících se zbožné modlitby a nepožívajících maso a léčících choroby, získané neustálým nehybným prodléváním na modlitbách, přikládáním měděných kruhů a líbáním obrázků světců, ačkoli vlastně je žádoucí smrt, neboť smrt je vlastně bránou do dokonalejší životní roviny, která je blíž Nejvyššímu a věčnému Blaženství, taková věc to byla, ne věc jedné noci, ale všech nocí, po mnoho roků, a ne vlastně věc nocí, ale dnů, vzájemné péče, manželské lásky a snášení dobrého i zlého, dokud smrt nerozloučí dva lidi. Takové to bylo s tou dívkou, s tou dívkou, s tou dívkou Emöke.

Ale když jsem pak seděl v zatemnělém sále a kulturní referent (po několika marných pokusech uvést v chod promítací zařízení a teprve když mlčenlivý muž, snad mistr z nějaké továrny, se věci ujal, seřídil šrouby a převody a promítačka se rozvrčela a pracovala) promítal na malé plátno jakýsi film přesně vypočítaný na největší možnou nezábavnost (a přece to lidi bavilo, protože to byla promítačka na úzký film a stroj jim vrčel hned za zády a oni zde trávili týden rekreace) a místnost se ztrácela v zakouřeném šeru, vzal jsem Emöke za ruku, teplou a měkkou, a protože už zítra byl poslední den pobytu v rekreačním středisku a já musel něco udělat, nebo aspoň jsem podlehl tomu instinktu nebo té společností vypěstované nutnosti svádět v rekreačních střediscích mladé svobodné ženy, vdovy i manželky, požádal jsem ji, aby se šla se mnou projít ven. Svolila, vstal jsem, vstala také, v jiskření promítačky jsem zahlédl učitelův pohled, který ji sledoval, když odcházela z místnosti a se mnou do nočního světla srpnového večera před budovou.

Šli jsme po bílé noční silnici mezi poli, po obou

stranách třešňové stromy a bílé patníky a vůně trávy a miliardy hlásků drobných živočichů v trávě a ve větvích. Vzal jsem Emöke pod paží, nebránila se, chtěl jsem něco říkat, ale nic mě nenapadlo. Nic, co bych mohl, směl říct, neboť špatné svědomí mi nedovolovalo spustit stavidla obvyklé srpnové noční výmluvnosti, kterou za takové noci neodmítne žádná žena na rekreaci, je-li mluvčí přijatelně mladý a nepříliš přes míru šeredný, protože jsem si znovu uvědomil tu věc života a smrti a to, že ona je jiná, hlubší, vzdálenější než jiné dívky. Jenom jsem se zastavil a řekl jsem Emöke, zastavila se také a řekla Ano? a pak jsem ji objal, nebo jsem učinil pohyb, jako bych ji chtěl obejmout, ale ona se vysmekla z toho nedokončeného sevření, pokusil jsem se znovu, objal jsem ji kolem štíhlého, velmi pevného pasu a přitáhl ji k sobě, ale ona se vyprostila a otočila se a šla rychle pryč. Pospíšil jsem za ní, vzal jsem ji znovu pod paží, nebránila se, a řekl jsem Emöke, nezlobte se. Zavrtěla hlavou a řekla Já se nezlobím. Ale opravdu, řekl jsem. Opravdu, řekla. Jenom mě to zklamalo. Zklamalo? řekl jsem. Ano, odpověděla Emöke. Myslela jsem, že vy jste přece jenom jiný, ale nejste, také vás ovládá tělo, jako všechny muže. Nezlobte se na mě za to, Emöke, řekl jsem. Nezlobím se, řekla. Vím, že muži jsou většinou takoví. Není to vaše vina. Nejste ještě dokonalý. Myslela jsem, že jste už na cestě, ale vy ještě nejste. Ne docela. A vy, Emöke, řekl jsem, vy už jste - vy už jste se úplně vzdala všeho tělesného? Ano, řekla Emöke. Ale vždyť jste mladá, řekl jsem. Vy už se nechcete vdát? Zavrtěla hlavou. Muži jsou všichni stejní, řekla. Myslela jsem, že bych snad našla někoho, nějakého přítele, s kterým bych mohla žít, ale jenom jako s přítelem, víte, nic fyzického, hnusí se mi to - ne, já tím neopovrhuji, vím, že fyzičtí lidé to potřebují, není to samo o sobě nic špatného, ale pochází to ze špatného, z nedokonalého, z těla, z hmoty, a člověk směřuje k Duchu. Ale teď už nevěřím, že mi bude dopřáno takového přítele najít, a tak budu raději sama, s holčičkou. Mluvila, a tvář měla mléčnou a spanilou ve světle hvězd a měsíce a srpnové noci; řekl jsem: Takového přítele nenajdete. Vy ne. To by musel být leda ten zahradnický tuberák, který vám půjčoval ty knížky, protože ten už nemohl. - Nemluvte tak o něm, přerušila mě. Nebuďte takový, prosím vás. Ale vážně Emöke, řekl jsem. Copak vy nikdy nezatoužíte po člověku - myslím tak, jako dívky, když jsou tak staré jako vy a tak hezké, zatoužíí? Vážně si myslíte, že byste mohla najít přítele, který by od vás tohle nechtěl a nebyl přitom nějaký nešťastný člověk, mrzák, invalida? Ach, nejde o touhu, řekla Emöke. Každý člověk má pokušení. Ale musí je přemáhat. Ale proč? K čemu? řekl jsem. Taková touha nemusí být přece jen a jen fyzická. Může to být projev lásky, touhy po splynutí. Je na počátku zrodu většiny lidí, pokud se lidé rodí z lásky. Milujete přece svoji dceru. A copak byste už nechtěla mít děti? A vy byste jistě mohla. Chcete se toho všeho dobrovolně vzdát? Vzdát? řekla Emöke. Všechno je vůle Boží. Ale brání vám Bůh nějak, řekl jsem. Dal vám toho tolik, víc než jiným. Jste mladá, hezká, zdravá, všichni chlapi nejsou jako ten váš první manžel a všechna manželství se neuzavírají z těch důvodů. Jsou muži, kteří ženy milují, nejenom pro tu tělesnou stránku manželství, i když to je součást lásky - Není to součást pravé lásky, řekla. Pravá láska je láska duší. Ale jak byste potom chtěla mít děti, řekl jsem. Nebo jste proti dětem? Ach ne, řekla. Děti jsou nevinné a potřebují lásku. Ale jsou zatíženy hříchem. A žena musí trpět za ten hřích, když je přivádí na svět. To není odpověď na mou otázku, řekl jsem. A krom toho porod může být dnes bezbolestný. Ale jste vy vůbec pro to, aby se rodily děti? Nebylo by lepší toho vůbec nechat a nepřivádět na svět pořád nové a nové výsledky hříchu či čeho a nové zatížence hmotou a tělem, protože to lidé většinou jsou? Nebylo by lepší nechat lidi vyhynout? Ne, řekla rychle. Je to vůle Boží, aby žili. Bůh ve své nekonečné dobrotivosti chce, aby všichni lidé byli spaseni. A všichni budou, jednoho dne. Ale co je to všichni, řekl jsem. Kdy to bude všichni? Nebylo by lepší toho tedy nechat, aby "všichni" byli "všichni, co teď na světě jsou"? Ach ne, ne, řekla. Ne. Ale vy to nechápete. Vy to nechápete, řekl jsem. Nerozumíte sama sobě. Jste plná rozporů. Nevyřešila jste si jedinou věc, jedinou logickou trhlinku v tom svém mystickém systému. Ach, co je to logika, řekla. Jenom školní předmět. Ne, všechno, řekl jsem. I to, že - se mi strašně líbíte, že - vás mám rád, že - že - Neříkejte to, řekla, a tím mě zbavila nutnosti říci nakonec tu osudnou větu, která se v jejím případě nedala odvolat, která by znamenala plný svůj význam a nejen nezávazný slib, který lze zrušit, na který lze zapomenout, protože to byla ona, Emöke, ten příběh, ta legenda, ta báseň, ta minulost, ta budoucnost.

Stáli jsme právě před osvětleným vchodem do budovy rekreačního střediska. Dívala se do večerních stínů lesa, v očích ten výraz, ne už lesního zvířátka, ale výraz ženy, která zápasí se svým odvěkým prokletím, jež je příčinou její méněcennosti i obsahem její životodárné hodnoty, jež jí jedinou rudou vlnou zastře mozek i úvahu a rozvahu, ačkoliv na konci je ta bolestná záležitost, a pak třeba ostuda svobodné matky a starosti a riziko ztloustnutí a ztráty půvabu a života a všeho. Ale to prokletí se ženy přesto zmocní a ona podlehne, jako vždycky podléhala a bude podléhat, a z toho prokletí se rodí nový člověk. Dobrou noc, řekla Emöke a podala mi ruku. Emöke, řekl jsem, myslete na to. Dobrou noc, řekla a zmizela v hotelu; na schodech jsem zahlédl její štíhlé nohy a pak už nic a stál jsem ještě nějakou chvíli před hotelem a pak jsem odešel do svého pokoje.

Učitel ležel v posteli, kalhoty, košile, spodky, ponožky, všechno pečlivě rozvěšeno k vyvětrání na opěradle židle a pelesti postele, nespal, ale změřil si mě zlýma očima. "Tak co?" řekl. Neodpověděl jsem mu, sedl jsem si na postel a začal jsem se svlékat. Učitel mě pozoroval očima, které se podobaly dvěma zčernalým, vyschlým fíkům. "A sákra," řekl. "Snad nejdeš spát s tvrdým?" Ale houby, řekl jsem, zhasil jsem světlo a lehl jsem si do postele. Chvíli bylo ticho. Pak učitel řekl: "Mně se zdá, že ty seš pěknej lemoun. Že to s ženskejma neumíš. Přiznej se!" Dobrou noc, řekl jsem. Za oknem zakokrhal kohout, vzbuzený zlým snem z nočního spánku.

Na večírku jsem pil červené víno a díval jsem se na Emöke v letních šatech k tělu, s bílým límečkem a nahýma rukama, zcela takových, jaké nosí jiné dívky jejího vzhledu a jejího věku. Rekreanti se pomalu osmělili a vyzývali ji k tanci, když viděli, že já sedím a piju (dřív neměli odvahu, neboť podle zákona rekreačních týdnů utvořili jsme já a ona dvojici a těmto týdenním nebo čtrnáctidenním kolektivům je takový svazek svatý), a tak byla Emöke pořád na tanečním parketu, jednou s kulturním referentem, který byl dosud napůl střízlivý, jednou s páskem, který už přestal vzdorovat, ale ještě nerezignoval na možnost užít si zbytek rekreačního pobytu (to jest užít si s některou ze čtyř nebo pěti mladých dívek v turnusu), jednou s bříškatým vedoucím oděvní prodejny, jehož tlustá manželka na ni hleděla láskyplným pohledem matrón, kterým na mysl nepřijde žárlivost, ale které v mladých ženách plných erotického půvabu spatřují jakési mystické sestry šalebného ženského údělu, jednou s kapelníkem jazzu, který jinak po celý večer neopustil stanoviště za pultíkem a neodložil housle, a s několika jinými, a já seděl nad třetí sklenicí červeného vína, neboť mě posedla zvláštní nerozhodnost člověka, který má v sobě dosud zodpovědnost, ale je příliš člověkem této doby, aby nemusel bojovat s lhostejností, lehkomyslností, neodpovědností. Emöke, víno mi stoupalo pomalu do hlavy, Emöke na tanečním parketu vypadala naprosto jiná než těch pět nebo šest ostatních mladých dívek na parketě, s výjimkou toho, že byla ze všech nejpůvabnější, mladistvá, ale přitom zralá, bez nedokonalostí sedmnáctiletého obličeje, který se ještě nemohl rozhodnout, vymění-li půvab dětství za plochou a nezajímavou krásu dospělosti nebo za půvab mládí, ženský půvab věku zásnub a první plné, přirozené plodnosti, smála se jako ony, měla hluboký altový smích, tančila se samozřejmou jistotou žen, které umějí tančit, jako pták umí zpívat nebo včela stavět plást, tělo tanečnice pod tenkou letní látkou srpnových šatů, hleděl jsem na ni a něha a touha a sympatie k té zoufalé duši a touha po tom těle a ňadrech, zesílená vínem, ve mně pracovaly, až nakonec víno, které muž užívá jako náhražku za ženino prokletí, a riskuje otcovství, ženitbu, kariéru, celý život za podvod kratičké chvíle, mě zbavilo všech pout rozumu a rozvahy, a když jsem ještě spatřil, že odněkud z temných koutů sálu se vynořil učitel se zrakem rozsvíceným jako čarodějný kocour a vyzval Emöke k tanci a tančil s ní, přitisknut na její tělo, o půl hlavy menší než ona, satyr bez satyrské bájnosti, jen s požívačným satyrským obličejem, vstal jsem a energickým zrychleným krokem opilců jsem vrazil na parket a přebral jsem Emöke učiteli z kola. Od rána jsem ji neviděl. Celý den jsem byl ve svém pokoji; učitel se vytratil, ale já zůstal v pokoji a spal jsem a přemýšlel o té dívce, o všech těch možnostech, které se otvíraly, a o své nejistotě a nerozhodnosti, ale teď jsem byl s ní, držel jsem ji kolem pasu jako včera, ale tentokrát se mi nevyškubávala, a měl jsem v hlavě víno a jí z očí zmizela mystická mírnost, klášterní odevzdanost uměle umrtvovaných vášní, a byly to oči maďarské dívky, jako souhvězdí nad pustou, a rytmus, který včera rozehrál klávesy starého klavíru, proudil nyní štíhlýma nohama a v bocích se měnil v kruhový pohyb milostné předehry.

Učitel se uchýlil ke stolu, kde stálo dvoudeci bílého vína, a smočil pysky do té nakyslé tekutiny venkovských tancovaček, jejíž pach je pachem nelásky, odbývané ve voňavém sadu za hospodou, s horkým šepotem, slastnými steny a funěním, anebo když není dost ochotných klínů, mění se její osud v osud veškeré vody, vytékající do smrdutých nadehtovaných žlábků na smrdutých čpavých záchodech hospod a odtud do žumpy a odtud do země, která čistí vodu pokálenou tou špinavou neláskou a mění ji znovu v křišťálové pramínky pramene v údolích, a pozvedl těžké, zlé, nenávistné oči, podlité krví, k parketu a sledoval mě pohledem outsidera, jak tančím s tou maďarskou dívkou; věděl, že já jsem mladý a svobodný a intelektuál z Prahy, člověk znalý té neurčité nakupeniny útržkových vědomostí, které vzbuzují zdání vzdělanosti, jaké se i on snažil vzbudit, a vyjadřoval se v noci opovržlivě o buranské společnosti, shromážděné na rekreaci, o fabričkách, které jsou blbé, až bučí, o zámečnících, kteří se sotva umějí podepsat, a nepřišlo mu na mysl, že on sám neumí o mnoho víc než se podepsat, usmoleným krasopisem, který je přežitkem ještě z c. a k., a nezná o mnoho víc než čtyři základní početní úkony a trojčlenku a stručný přehled českého dějepisu nabiflovaný kdysi v oné heroicko-vlastenecké podobě buržoazních a idealistických historií hrdin a národního ducha a pomatený nyní nepochopitelným marxismem, a dovede určit několik jevnosnubných a tajnosnubných rostlin, roztřídit vulgární zvířenu této země na savce, ptáky a bezobratlé, ale neví nic o Dollově zákonu ireverzibility, o podivuhodném vývoji želvích krunýřů a pololegendárních archeopteryxech, a nevěří vám, řeknete-li mu, že brontosaurus měl v páteři dvě nervová centra, a tedy dva mozky, a jestliže napůl uvěří, promění to v nejapný vtip, a přece s výrazem nesmírné učenosti přednáší usmrkaným dětem v okopaných lavicích o tom, že dle anglického učence Darwina člověk povstal z opice, a celý život je zvyklý intelektuálně převyšovat své okolí šesti až jedenáctiletých žáčků a udřených zemědělců v sobotu v hospodě a venkovských podkovářů, jejichž ruka, zvyklá na váhu železného perlíku, nevpraví do úzkého okýnka žákovské knížky týdenní rodičovský podpis, aniž celou stránku pomazala kolomazí a aniž se ten sukovitý podpis nerozleze ven z těsné přihrádky předtištěného obdélníčku; neuvažoval nikdy, v mozku stiženém učitelským slavomamem, že je stejně těžké, ne-li těžší, a stejně záslužné, ne-li záslužnější, a pravděpodobně mnohem krásnější ovládat jemný mechanismus frézy nebo soustruhu, vytvářet na nich stříbrně se lesknoucí šrouby a matice, sledovat mléčný tok olejů a odplavovacích tekutin, než opravovat červeným inkoustem přirozené projevy dětí na uniformní znetvořeniny dobrého českého slohu a zasévat školáčkům do duší nevykořenitelné, podvědomé přesvědčení, že před a se nepíše čárka; věděl tedy, že moje vzdělanost (byť to byla jen nakadeřená nevzdělanost, intelektuální podvod, jakého se dopouští devadesát devět procent lidí s maturitou s výjimkou toho jediného procenta, z něhož se stávají teoretičtí fyzikové, astronomové, paleontologové, chemici a experimentální patologové) je větší, působivější než jeho, i moje sako, ušité u dobrého pražského krejčího, kdežto jeho podsaditá postava, o půl hlavy menší než Emöke, vězí v nedělním oděvu onoho střihu, který nepodléhá žádné módě a nikdy není moderní a je doplněn kravatou věčného vzoru nejasných kosočtverců a puntíčků, a proto mě zlýma a bezmocnýma očima slabšího, odstraněného, handicapovaného sledoval po parketu, kde jsem tančil s Emöke.

Dlouho jsme nemluvili. Cítil jsem její tělo, sálavé vnitřním teplem mladých žen, hudbou, dusnem, vínem a tancem. Nemluvili jsme a pak houslista-primáš spustil nějakou táhlou, ale rychlou cikánskou melodii, pohybující se v onom křečovitém rytmu, nejdříve protahovaný, sílící tón, který pak vybuchne v kratičkou synkopu, téměř příraz, a pokračuje dál v jiné výši, a Emöke začala zpívat maďarskou řečí nějakou tvrdou, krásnou primitivní prehistorickou píseň svých nomádských předků, zase změněná v to, co skutečně byla, v tu mladou dívku, soustředěnou vší energií kolem toho jediného úkolu svého ženského života, a točili jsme se v jakémsi divokém maďarském tanci a kolem nás se točily rozmazané tváře a postavy a stříbrné nástroje hudebníků, jako když se roztočí kamera v prudkém panorámatu.

Nevím, jak dlouho. Dlouho. Potom, k půlnoci, nasadili tklivý a sentimentální slowfox a saxofonista rozvzlykal altový saxofon nejkoncentrovanějším sentimentem, jehož je schopen tento nejdokonalejší plod nástrojového šlechtění, a Emöke přestala zpívat a začal jsem mluvit já, odněkud z podvědomí nesčetných blues, která mě kdy vzrušovala, nořily se mi verše v trojverších, jako se vynořují černým kytaristům, rozsvíceným alkoholem, jako já byl rozsvícen vínem, a říkal jsem Emöke do šťastného, líbezného ouška verše jediného blues, které jsem kdy na světě složil, podmalované tím venkovským saxofonistou, jenž ani neznal tajemství černošské synkopy a proměňoval saxofon v kvílivý nástroj cukerínového sentimentu, zkrásnělého primitivní a odvěkou krásou té křečovité, alkoholické chvíle, v níž alkohol, nepřítel, ale mnohem spíše také přítel člověka dává mu zvědět pravdu o sobě samém, pravdu o Emöke. Jen tahle chvíle je první, jediná a poslední. Ano, paní, jenom tahle krátká chvíle je první a poslední. Čekáme na ni roky, měsíce a řady dlouhých dní, a Emöke zmlkla a zpozorněla, viděl jsem proti kouřové cloně nikotinu a světel nad stolky její dlouhé smolné řasy a pokračoval jsem Život je jako smolný kmen a čekáš, kdy tě zabije, Život je dlouhá smrt a není a ty čekáš, kdy tě zabije, Život tu dlouho není a najednou tu je. Tohle je chvíle - pokračoval jsem - kdy je možné setkání, Tohle je ta jediná chvíle setkání, Poslouchej, natáhni ouška, slyšíš, jak tahle chvíle zní, a na rtech Emöke, které obvykle vadly klášterní růží mrazivé askeze, se objevil úsměv, říkal jsem Buď šťastná, buď ráda, usmívej se celou noc, Buď šťastná, a usmívej se šťastně celou dlouhou noc, Někdo tu nebyl, ale teď přišel a jde ti na pomoc, podívala se na mě, v očích také takový úsměv, na rtech úsměv, saxofon kvílel a sténal. Poslyš, nastraž svá ouška, pohleď, jak světýlko v dálce blikotá, Vidíš, jak v tý černý dálce světýlko lásky blikotá, Skončila vláda smrti, nastává sladká sezóna života, tu se Emöke nahlas zasmála a řekla To je hezká báseň! Kdo ji složil? Ale já zavrtěl hlavou a pokračoval jsem Neptej se, to jsem já a tohle jsou moje verše téhle chvíle, To jsem já a tohle jsou moje verše téhle chvíle, Odnikud přišly, jsou tady, jsou pro radost a úsměv mojí milé, Emöke zvrátila hlavu, saxofon vzlykal a lkal a já říkal dál takové verše, dál a dál, jak mi přicházely z podivné, nikdy předtím a nikdy potom nepoznané inspirace, stejně krásné v té chvíli jako Píseň Šalamounova, krásnější, neboť tato dívka je nikdy v životě neslyšela, nikdo ji nenazval Růží sáronskou, nikdo jí neřekl tu základní Pythagorovu větu lásky, Jak jsi krásná, přítelkyně má, neboť po celý svůj krátký život byla jen koupeným majetkem, termoforem z masa a krve a kostí, ale teď ji slyšela, báseň, kterou na ni složil muž, báseň, která tryskala z mužova srdce, podivnou magií tohoto šíleného věku telekomunikací přesazenou ze srdce a hrdla poloopilého černého shoutera z předměstí Memphisu do hlasivek tohoto pražského intelektuála v této společenské místnosti rekreačního střediska v tomto socialistickém československém státě, ale nevěděla nic o pitoreskní genealogii té písně a vnímala ji jen oním ideálním způsobem recepce básní, neboť každá báseň je vytvářena *ad hoc,* pro nějakou ženu, a není-li, není to báseň, nestojí za to, aby byla čtena a poslouchána, neboť nepochází z jediné možné a nepředstírané a pravdivé inspirace veškeré poezie, zdálo se, že je šťastná, řekla šeptem Mohu vám věřit? Myslíte to vážně? Ano, Emöke, řekl jsem a z duše, ze srdce nebo odkud mi plynuly nové a nové verše v oněch alkoholických kytarových trojverších blues. Nevím, ale v té chvíli jsem s ní uzavřel manželství, v té chvíli jsem nabyl moudrosti, na niž už tento věk zapomněl, že manželství, život muže se ženou, není, nemůže, nesmí být podivným konglomerátem vášně a sentimentu, špíny a gastronomických požitků, doplňování duší a společných zájmů, že v něm nejde o porozumění, o rovnost intelektu, o doplňování povah a zaopatření a pořádek v jídle a cestu k srdci žaludkem, že to není ten směšný vztah kanonizovaný hollywoodským filmem ve dvacátých letech a tradovaný ještě v románech padesátých let, vztah platný nanejvýš pro pudová vzplanutí postpubertální erotiky nebo pro fosilie biedermeirovského měšťáctví, končící potom v odporných rozvodových procesech neméně směšným vztahem nepřekonatelného odporu, ale že je to vztah samce a samice, pravěkého jeskynního páru dvou rovnocenných, ale naprosto odlišných jedinců, z nichž jeden ovládá kyj a druhý oheň, z nichž jeden přináší zvěř a druhý hněte chleba, kteří spolu přivádějí na svět mláďata podle pravěkých zákonů živočišného rodu, k tomu jedinému smyslu neustálé regenerace, k radosti slunce na nahé kůži a žaludečních šťáv a hormonálních básní a té jemnější radosti srdcí, poslušných toho zákona, že člověk musí dospět zase tam, kde jsou zvířata, ale o zákrut spirály výše, zbavit se té psychoneurotické sentimentálně konvenční špíny, kterou zavalila vztah lidské dvojice staletí válek a loupeží a úchylné mystiky a mužské služebnosti a mužské vyvolenosti (Frauendienst ist Gottesdienst...pod mocí muže tvého bude žádost tvá, a on panovati bude na tebou).

Ale když jsem se vrátil do sálu (na chvíli jsem odešel a na chodbičce záchodu, kde jsem zpíval blues beze slov způsobem, jakým odvěkou lidskou radost z tance a hudby dávají najevo mladíci, prozpěvováním nesmyslných a neinteligentně znějících slabik v rychlém sledu, jsem se dal do přátelské řeči s kapelníkem jazzu, který tam přišel také a uvítal ve mně bratra rytmicko-mezinárodního bratrství protirasistické, protifašistické synkopované hudby), uviděl jsem Emöke v náručí učitelově, který jí cosi velmi naléhavě říkal, a když mě spatřil (zůstal jsem stát, opřel jsem se o jeden ze sloupů a pozoroval jsem je), objevil se mu na tváři mimovolný výraz někoho, kdo je přistižen při nedovoleném činu, a když kousek skončil, poklonil se Emöke a odešel s neobvyklou ochotou ke svému stolu za své bílé víno a odtud na mě opět upřel černé nenávistné oči člověka, který se mstí za porážku v tom odvěkém zápase. Šel jsem k Emöke a vzal jsem ji do kola, ale ona byla najednou jiná, přes panenky se znovu přetáhla blána klášterní zdrženlivosti. Co je, Emöke? Co se vám stalo? zeptal jsem se. Nic, řekla, ale tančila mrtvě, bez života, podrobovala se trpně mým pohybům jako lhostejné tanečnice lhostejných vyzvání na odpoledním čaji v kavárně, kam zabloudí osamělý muž, sklíčený samotou, a chce se bláhově povzbudit, naplnit prázdnotu osamělého městského odpoledne lhostejným tancem s tanečnicí, kterou nezná a která nezná jeho, odtančí spolu triádu slowfoxů, mlčí nebo prohodí pár konvenčních vět, jeden druhému se nelíbí, pak se ukloní a on ji dovede k jejímu stolku, na němž je limonáda, a řekne Děkuji, ona kývne a rozejdou se a už o sobě nevědí a on pak sedí a dívá se na poloprázdný parket poloprázdné kavárny a už netančí a pak jde sám a osamělý domů a jde spát a je sžírán a rván tou lhostejnou osamělostí velkých měst. Co se vám stalo? naléhal jsem. Něco to bylo. Na něco jste myslela, Emöke, povězte mi to. A tu se na mě obrátila, v očích, kolem očí, v konfiguraci jemných vrásek obličeje, které skládají okamžitý lidský výraz, měla bolestné překvapení, smutně sebeironickou výčitku, jako ženy, které si náhle uvědomí, že se znovu dopustily něčeho, o čem se zapřísáhly, že už to nikdy neučiní, a řekla mi Nezlobte se, ale mohl byste mi ukázat občanskou legitimaci? V tisícině vteřiny mě zarazil, ne bolestně nebo pohoršeně, ale prostě zarazil bez atributů ten téměř úřední způsob a vzápětí jsem pocítil sympatii k té prostotě, přímosti, tuctovosti, čestnosti, která brala mou nabídku manželství tak věcně a to jest jedině správně, bez filmové mystiky křehkých citů, a okamžitě jsem věděl, že je to učitel, že učitel jí ve svém bezmocném vzteku namluvil, že jsem podvodník, ženatý muž, který si na rekreaci vyjel odpočinout od manželství, že v tento odporný, a přece logicky přípustný příběh přetvořil jeho oplzlý mozek moji vymyšlenou informaci o chystaném sňatku s vdovou a tu legendu Emöke, a hned zase vlna něžné lítosti k Emöke, která poznala ten druh mužů ve vlastním manželství a nyní ji zděsila možnost, že bych se já proměnil v jednoho z nich. Řekl jsem: Emöke! Kdo vám to namluvil? Samozřejmě že vám mohu ukázat legitimaci, a sáhl jsem do vnitřní kapsy saka, abych vytáhl ten dokument, stvrzující pravdivost mého jednání, mé tváře, a tu mi řekla s nevýslovným smutkem v hlase Proč mi lžete? (Prečo ma cigáníte? řekla v té své maďarské slovenštině.) Nemusíte mi nic ukazovat. Já všechno vím. Ale co? Co? Emöke! Není nic, co byste mohla vědět! řekl jsem. Proč to zapíráte? řekla. Myslela jsem, že jste jiný, ale vy nejste. Nejste. Nejste. Jste stejný jako všichni muži. Ale Emöke! Ne, neříkejte nic, já to vím. A proč nemáte alespoň ohled na svou snoubenku, když na mě nemáte. Já jsem konec konců cizí člověk, znáte mě několik dní. Ale proč na ni - Emöke! To je nesmysl! vykřikl jsem. To vám namluvil ten pitomec, ten učitel. Ale ten lže! Vždyť je to starý sprosťák, copak to nevidíte? Nenadávejte mu, řekla. Od něho je čestné, že mě na to upozornil. Ale vždyť to není pravda! Není to pravda, Emöke! Nelžete, prosím vás. Ukázal jste mu její fotografii. Ale - (ukázal jsem učiteli Margitčinu fotografii s jejím dvouletým synem Petříčkem, nevím proč, snad z nějaké pitomé mužské ješitnosti). Ukažte mi tu legitimaci, když říkáte, že to není pravda, řekla Emöke, a tu jsem si vzpomněl, že ta fotografie je v legitimaci, odtud že jsem ji vytáhl, když jsem ji ukazoval učitelovi a i to on jí řekl. Margitka s koketní ofinou, s ňadry ve výstřihu letních šatů a s tím sladkým dvouletým blonďáčkem mezi pampeliškami v trávě. Nemohu, řekl jsem chabě. Ale není to pravda. Nelžete, řekla Emöke. Prosím vás, aspoň nelžete. Já nelžu, řekl jsem. Nelžu Emöke. Ale tu legitimaci vám ukázat nemůžu. Proč? Nemůžu. Protože - Proč? řekla Emöke a zadívala se na mě pronikavě a zase se na mě dívalo to zvířátko, ale tentokrát jako by mu někdo něco bral, nějakou iluzi o lesní svobodě, o bezpečí zelených houštin, jako by se dívalo do tváře divokému dravci, o jehož existenci ve svém zeleném a slunném světě do té doby nevědělo, netušilo. Proč nemůžete? řekla naléhavě, vzrušeným hlasem, na jaký jsem u ní nebyl zvyklý, a oči zvířátka se rozšířily jako v onom posledním a definitivním poznání v záblesku zažloutlých tesáků dravce, a pak klášterní úběl těch tváří pokryl nepřirozený nach a Emöke nervózně, bolestně, skoro s pláčem řekla rychle Pusťte, musím už jít. Musím odejet vlakem v jednu hodinu v noci. Sbohem! a vytrhla se mi a rychle odešla ze sálu, pryč, zmizela, a já zůstal stát, zmizela.

Otočil jsem se a spatřil jsem učitele, jak dřepí u stolu s výrazem uražené spravedlnosti na tváři doutnající zlobou.

Čekal jsem na ni o půl jedné před budovou, ale přišla se svou spolubydlící, také Maďarkou, a ve skupince asi pěti Slováků, kteří všichni odjížděli nočním vlakem. Bylo zřejmé, že tu druhou dívku požádala, aby ji nenechávala se mnou samotnou, protože ona šla celou cestu s námi, a tak já nemohl Emöke nic říct, jenom jsem se jí zeptal, jestli jí smím psát. Jistě, řekla. Proč byste nesměl. A budete psát vy mně? Proč? řekla. Ztišil jsem hlas, aby to neslyšela ta druhá, a řekl jsem Protože vás miluju, Emöke. Věřte mi. Já vám nevěřím, řekla. Ta druhá kousek poodešla, ale byla pořád v doslechu, takže jsem musel dál mluvit tiše. Věřte mi, opakoval jsem. Přijedu za vámi do Košic. Mohu? Proč byste nemohl, řekla. Ale budete mi pak věřit? Neodpověděla. Budete mi věřit, Emöke? Ještě chvíli mlčela. Já nevím. Snad, řekla potom, a to už jsme byli u stanice, u venkovského nádražíčka, kde už stál připravený motorový vlak a u něho řidič v uniformě. Rekreanti nastoupili, nějaký Slovák pomohl Emöke dovnitř s kufrem, a ona se pak objevila jako tmavá kontura v okně vozu. Emöke, řekl jsem vzhůru, jako bych ji zaklínal, jako bych od ní chtěl slyšet odpověď na věčnou a monotónní otázku času svého života, tak nijakého ve věčných variacích milostného rituálu, tak otřelého, tak bez hodnot, bez poctivosti, bez lásky, a přece tak spoutaného pohodlným návykem iluzorní svobody, že jsem se nemohl rozhodnout.

Emöke, řekl jsem do tmy vzhůru k té kontuře, k té legendě, která končila, a od ní mi zaznělo slabě a z velké dálky Ano. Věřte mi, prosím vás, zavolal jsem tiše. Emöke! Ano, řekla. Sbohem, ale to už nebylo volání osamělého zvířátka v lesní houštině, ale hlas zklamané a skeptické moudrosti lidské ženy, která se mění v obraz ztraceného času, a motor se rozhrčel a vlak se hnul, z okna zamávala bílá, štíhlá paže té dívky, toho snu, té šílenosti, té pravdy Emöke.

Přes noc ze mě vyprchalo víno i moudrost i poznání nebo rekreační okouzlení, nebo co to bylo, a já se vzbudil do střízlivé a chladné skutečnosti nedělního rána a odjezdu z rekreace do Prahy, do redakce, k spolupracovníkům, k bolnému románku s Margitkou, k tomu všemu. Na vedlejší posteli chrápal učitel, spodky, košile, kalhoty, vše zase tak pečlivě rozvěšeno k vyvětrání. Neřekl jsem nic. Byl mi odporný, i s tou hygienou čistě vypraného prádla, protože špinavost jeho duše nemohla vyvětrat z těch spodků, ani z kalhot, ani z košile, on sám nebyl ani člověk, ale jenom oživlá špína, nadutec, blb, chlípník, nepřítel.

Neřekl jsem mu nic. Byl by to možná popřel. Nemohl jsem mu nic dokázat, nebyl bych nic dokázal nějakou rozčilenou konverzací. Mlčel jsem, ale brzy přišla má chvíle, chvíle pomsty, jediné možné pomsty, která ho zasáhla na nejcitlivějším místě: v jeho intelektuální samolibosti profesionálního instruktora moudrostí, pomsty, kterou si jako jámu vykopal sám a do níž se sám beznadějně shodil.

Ale snad to byl Osud, ten mlynář, mstitel, vládce, přítel a pán - snad spravedlivý, který ji vykopal v tom vlaku, ujíždějícím šťavnatým krajem babího léta za klesající dráhou věčného slunce, věčného v mezích lidské věčnosti, jež svou lesklou a rudnoucí nádherou rozsvěcovalo obličeje lidí sedících v kupé jako petrolejové lampy a proměňovalo je v nazlátlé portréty: pár asi třicetiletých bezdětných manželů, on technický úředník projekční kanceláře, ona úřednice Státního úřadu statistického, zamlklý tovární mistr, pásek, vedoucí oděvní prodejny, jeho manželka, já a učitel. A hrála se hra. Navrhl ji projekční úředník a jeho manželka: hráli tu hru velice často, neměli děti a zabíjeli čas po návštěvách u jiných bezdětných úřednických rodin, každý čtvrtek chodila manželka hrát bridž a on mariáš, byli členy Klubu turistů a jarní neděle trávili v trampské chatě ve Skochovicích, kde se scházeli se sousedy z ostatních chat a hráli volejbal, a když se setmělo, společenské hry: ta obecně známá hra, jejíž jméno nikdo nezná, ale kterou každý v životě někdy hraje, jako se pokouší o šach, a tato hra je mnohem lidštější než mrtvá, zrůdná, nanicovatá, feudální logika šachu, vysávající z lidského mozku tolik energie pro nicotný pohyb idiotských figurek: jeden vyjde za dveře a ostatní se shodnou na nějakém předmětu, osobě, zvířeti, papeži, Marsu, konzervě v kufru nebo na něm samém (na tom, který je za dveřmi) a potom ho pustí zpátky dovnitř a on musí pomalu a nepřímými otázkami eliminovat všechno ostatní na celém světě, až logickou cestou dojde k té věci nebo zvířeti nebo člověku. Úředník odešel za dveře a vedoucí prodejny navrhl, podle starého zvyku těch, kteří v životě zakopnou o něco výjmečného, něco, z čeho zasvítí duch do jejich neduchaplného světa denní rutiny a profesionální konvenčnosti laskavých frází a co potom celý život při každé příležitosti uplatňují, jeho samého, úředníka, ale pásek, který neměl ohledy k nejniternějším citům člověka, pravil, že to se dělá pokaždé a každej blbec to hned uhodne; sám žádal, aby za předmět pátrání byl určen levý střevíc papežův. Ale manželka technického úředníka usoudila, že je známo příliš málo znaků tohoto předmětu, jako materiál, tvar, barva a podobně. "Ne," řekla. "Musíme mu dát něco lehčího, aby ti z nás, kteří to nikdy nehráli, poznali, jak se to hraje." (Učitel a žena vedoucího oděvní prodejny totiž prohlásili, že hru neznají. U manželky vedoucího to bylo pravděpodobné, ne však u učitele. Podíval jsem se na něho; měl výraz tlouštíků, zaskočených hrou na třetího, kteří vědí, že jsou vydáni na milost a nemilost štíhlým ze společnosti a odsouzeni dusat těžce a sípavě okolo kruhu lidských těl, dokud se někomu jejich bezmocnosti nezželí a on se nedá dobrovolně chytit. Lhal. Zcela zřejmě a očividně. Uměl hrát tu hru. Ale hrál ji asi nerad. Věděl jsem, proč lidé neradi hrají tuhle hru. Ne tlouštíci. Lidé pomalí v jiné sféře. Byl nervózní. Pak si všiml, že se na něho dívám, a navrhl svůj kufr, aby vzbudil nějaké zdání.)

"Ne," řekla úředníkova manželka. "To je zas moc lehké. Dejme mu pingpongový stůl v rekreačním středisku."

Úředník byl povolán a začal s otázkou po konkrétní či abstraktní povaze předmětu.

"Je to konkrétní," řekla jeho manželka. Hned nato kývl učitel hlavou. Manželka vedoucího oděvní prodejny se s nejistým úsměvem tázavě podívala na úředníkovu ženu. V očích měla tolik inteligence jako učitel. Nebyla v nich však nervozita, jenom udivená nevědomost.

"Je to v Československu?" zeptal se úředník.

"Je," řekli učitel, manželka vedoucího, pásek i úředníkova žena sborem.

"Je to v Praze?" zeptal se úředník.

"Ne," řekl sbor, z něhož tentokrát vypadl učitel.

"Je to v K?" zeptal se úředník. (K bylo místo, odkud jsme odjížděli, kde stálo rekreační středisko.)

"Ne," řekl rychle učitel.

"Ale ano!" okřikla ho s udivenou výčitkou manželka vedoucího oděvní prodejny. "Vždyť jsme si řekli, že to je..."

"Pst! paní M.!" zvolala manželka úředníkova. "Ano, je to v K," řekla svému muži.

"Tak co jste říkal, že to tam nějni?" otázala se manželka vedoucího oděvní prodejny rozdurděným hlasem naivních lidí, "když to tam je?"

"Já jen abych ho splet," řekl učitel.

"Ale to se nesmí, pane učiteli," řekla žena úředníkova. "To by pak ztratilo smysl."

"To by právě bylo napínavější," řekl učitel.

"Ale kdepak," řekla úředníkova žena. "Vtip té hry je právě v tom, že se musí odpovídat podle pravdy, ale nesmí se klást přímá otázka. Takže záleží jen a jen na člověku, jak chytře umí otázky klást."

"Ale kdyby se moh trochu splíst, byla by větší legrace," řekl učitel.

"A jak byste to potom chtěl uhodnout, vy chytrej," řekl pásek. "Počkejte, až tam budete vy."

"Tak hrajeme dál," řekla úředníkova žena.

"Je to v budově rekreačního střediska?" pokračoval úředník a potom několika zkušenými otázkami bezpečně určil předmět hledání. Pro nezasvěcence to vypadalo skoro jako jasnovidectví, ale byla to jen dlouhou praxí vycvičená logika a instinkt zkušenosti. Přesto to některé překvapilo.

"Vy jste chytrej, pane N.!" zvolala manželka vedoucího prodejny.

"To není žádná chytrost," řekl skromně úředník. "Musejí se jen správně dávat otázky - od obecnějšího k speciálnějšímu, a za chvíli to máte."

Potom poslali za dveře páska. Navrhl jsem, aby mu dali trubku Louise Armstronga. Zvedly se hlasy proti - manželka obchodvedoucího oděvní prodejny, protože nevěděla, kdo Armstrong je, a učitel, který to také nevěděl - ale přesto jsem návrh prosadil. Mdlý mozek páskův nenašel sice příliš snadno logickou cestičku k cíli, ale když zjistil přibližnou velikost předmětu a položil duchaplnou otázku, zda se s ním něco dělá, a pak ho napadlo zeptat se, je-li to v Československu, a potom, je-li to na zeměkouli, a konečně třetí otázkou této kategorie zjistil, není-li to v Americe (a mimo Československo, kde byl nucen žít, a zeměkouli, kde jsme nuceni žít všichni, znal a miloval a měl zájem už jen o jedno místo na světě), a náhle byl osvícen, nebo snad ústřední z jeho zájmů mu vsugeroval otázku a on se zeptal, dá-li se na to hrát. Jakmile zvěděl, že ano, byl naprosto doma. Přesnou logikou, která pramenila z hierarchie jeho oddanosti tomuto jedinému smyslu, jaký život pro něho měl, se dozvěděl, že je to nástroj žesťový, že tento nástroj je majetkem vynikajícího jazzového hudebníka, že tento hudebník je černý, a pak vítězně, ale zároveň zbožně pronesl celé to jméno, jako by pronášel dlouhý a posvátnou úctu vzbuzující šlechtický titul: Louis Satchmo Dippermouth Armstrong.

Pohlédl jsem na učitele. Ten se podíval na hodinky a mlčel. Když pásek skončil, navrhl učitel chraplavým hlasem, aby se hrálo něco jiného.

"To teda né," řekl pásek arogantně. "Nejdřív se musej všichni vystřídat!"

"Ano," řekla manželka vedoucího oděvní prodejny.

"A co kdybyste šla teď vy, paní M., no?" řekla úředníkova žena.

"Já?"

"No?"

"Ale já to neumím!" zvolala tlustá paní.

"Vždyť to nic není," řekla úředníkova žena. "Snadno to pochopíte."

"Jejej, já na to nepřijdu!" řekla tlustá paní a zvedla ruce k ústům. "Kdepak! Já to neumím!" vrtěla hlavou v panickém děsu prostých žen, které jsou skálopevně přesvědčeny o své hlouposti a nevědí nic o moudrosti života, která je v nich. Všichni ji začali přemlouvat. Tlustá paní vrtěla hlavou, pak začala roztávat. "Když já nevím," říkala. "Já to nebudu umět."

"Tak děte, pani," pobídl ji pásek. "Tady sme stejně všichni blbí, no né?" obrátil se na mě.

Zasmál jsem se a podíval jsem se na učitele. Učitel nepřemlouval. "Tak jen jděte, paní M.," řekl jsem. "Nic se vám nestane."

"Když myslíte, pane doktore," řekla manželka vedoucího, těžce vstala, těžce se protlačila mezi koleny v kupé a vyšla ven. Za skleněnými dveřmi bylo vidět její širokou, dobrou a líbezně hloupou tvář v soustředěném úsilí pochytit něco z hovoru uvnitř.

Společnost za sklem se dohodla na sáčku s kávou, který měla paní podle informace manžela ve svém kufru. Manželka vedoucího byla vpuštěna dovnitř, zahihňala se, těžce usedla a otevřela ústa.

"Co - co to je?" zeptala se po očividném úsilí.

"Tak se nesmíte ptát, paní M. Musíte dávat otázky jako můj manžel nebo tady pan P.", řekla úředníkova žena a kývla k páskovi.

"Ale když já to tak neumím," řekla tlustá paní prosebně.

"No tak. Zkuste to. No. Jen pomalu," konejšila ji úředníkova žena. Tlustá paní se znovu zamyslila. Krůpěje potu jí stékaly po mastné pleti kulatých lící a po dlouhé chvíli veliké, soustředěné námahy vyhrkla.

"Je to tady?"

"Vidíte, že to jde," řekla úředníkova žena. "Ano, je to tady v kupé."

Tlustá paní se rozhlédla. Očka, poloztracená v té hloupé tváři, tak hloupé, že hloupost ji téměř zdobila, se roztěkala z předmětu na předmět, z osoby na osobu, zastavila se na elegantním kufru páskově, na přenosném rádiu úředníkovy ženy, na mlčenlivé tváři továrního mistra, na mých silonových ponožkách a konečně na zsinalé tváři učitelově, z níž sálaly zlé oči zmnoženou nenávistí.

"Je - je to k jídlu?" zeptala se potom.

"Ano!" zahlaholil sbor. Manželka vedoucího se šťastně usmála.

"Tak jsem to uhodla!" řekla.

"To ano," řekla úředníkova žena. "Ale ještě musíte hádat dál."

"Jak to?" podivila se tlustá paní.

"Zatím jste uhodla povahu té věci, ale nevíte ještě, co to je."

"Jak to povahu?" řekla manželka vedoucího nechápavě.

"Víte, že se to dá zbaštit, ale nevíte, co to je," vysvětlil jí pásek.

"Aha," řekla paní a znovu se rozhlédla. "Ale tady nic k jídlu není."

"Nemusí to být vidět, že," řekl technický úředník. "Může to být někde schované."

"Ale jakpak to mám potom uhádnout, když je to schovaný?" řekla tlustá paní.

"Musíte se právě ptát," řekla úředníkova žena.

"Ptát?"

"Nu ano. Musíte přesně zjistit, kde to tady v kupé je."

"Přesně?" oči manželky vedoucího oděvní prodejny prosebně spočinuly na tváři úředníkovy ženy.

"No, jestli je to na zemi, nebo na lavici, nebo v prostoru pro zavazadla - "

"Je to v kufru?" přerušila ji manželka vedoucího.

"Ano!" ozval se sbor.

"Tak to sou buchty!" zvolala šťastně tlustá paní. Hned nato ji zdrtilo poznání, že se mýlila. Vyjmenovala pak jedlý obsah svého kufru bez ohledu na protesty, že se nesmí ptát přímo, až na to přišla. Rozesmála se šťastně. "Tak jsem to uhádla," řekla blaženě a zazářila bezelstným, hloupoučkým pohledem po společnosti.

"No vidíte," řekla žena úředníkova. Tlustá paní vzala manžela pod paží a řekla: "To je ale švanda, tahle hra!"

A teď přišla moje chvíle. Jako bych cítil, že někde jinde, v jiném kupé, a přece skoro tady sedí Emöke, v hrozné samotě, obklopena a štvána už zase duchy křídových kruhů, ujíždí zpátky do světa své minulosti, do hrozné samoty té vyprahlé maďarské výspy, kde je navěky odsouzena k pověrám tuberkulózního zahradníka a k nočním můrám majitele statku a hotelu. Řekl jsem:

"Tak teď by mohl jít tady pan učitel."

Učitel sebou trhl. Bránil se. Nikdy prý to nehrál. Nezajímá ho to, řekl dokonce, ale tím proti sobě popudil všechny ostatní. Nakonec musel odejít, zabručet a odejít a čekat za sklem s tupou tváří a pokleslým spodním rtem, s tupýma, zlýma očima. Dohodli jsme se na něm samém. Starý trik, a není vůbec těžké ho uhodnout. Tentokrát nikdo neprotestoval. Kývli jsme na něho. Učitel vešel.

"Tak co to je," řekl, jako by chtěl vzbudit žertovný a ležérní dojem.

"Jen se pěkně ptejte, pane učiteli," řekla tlustá paní.

Učitel si sedl. Viděl jsem, že mu soukolí v mozku, zvyklém na těch několik naučených moudrostí a na nekonečné, neplodné uvažování o opatření tělesného požitku, skřípe. Nebyl schopen ničeho. Nebyl schopen nejprostší logiky. Věděl jsem to.

"Je to - dům?"vymáčkl ze sebe. Společnost, která ho neznala tak dobře jako já, se octla v rozpacích. Nevěděli, pokračuje-li učitel v žertování; já věděl, že je pitomý.

"Tak neblbněte a ptejte se pořádně," řekl po chvíli pásek.

Učitel se začal potit. Na nepříjemných černých panenkách se zračilo úsilí, na jaké nebyl tento organismus zařízen.

"Je to - " řekl pomalu, "nebo - je to vlak?"

"Co blbnete?" řekl pohoršeně pásek. "Dávejte správný otázky, jo?"

Učitel zrudl vztekem.

"Copak nedávám?" řekl a z očí mu vyšlehl plamen touhy mít svou učitelskou moc nad tímto frajírkem v barevných ponožkách, který věkem ještě příliš nepřekročil onu lidskou kategorii, nad níž byl zvyklý neomezeně vládnout.

"To teda nedáváte!" řekl pásek. "Ptáte se pitomě. Nesmíte se ptát přímo, že jo, je to kráva? nebo je to bejk? musíte se ptát, jaký je to? kde je to? a tak, že?

"Kde to je?" řekl rychle učitel.

"Himl - " začal pásek, ale žena úředníkova ho přerušila.

"Podívejte se, pane učiteli, musíte klást takové otázky, na které my můžeme odpovídat jenom buď ano, nebo ne, rozumíte?"

"No pochopitelně," řekl učitel. Všichni zmlkli. Mlčení se protáhlo. Učitel se topil v trapnosti.

"No tak, pane učiteli!" zvolala netrpělivě žena vedoucího oděvní prodejny, dychtivá hry, v které sama měla takový úspěch.

Učitel vyvalil oči.

"Je to - je to k jídlu?" řekl.

Společnost se rozesmála a učitel znovu zrudl. Tentokrát však bylo vidět, že se urazil.

"Ne!" vykřikly obě ženy.

"Ale jó," řekl pásek.

"Jak to?" zvolala tlustá paní.

"No jasný," řekl pásek. "Sou na světě lidi, který to taky jedí."

"No ano," řekla žena úředníkova. "Jenže to nemůžeme brát v úvahu, protože u nás to není zvykem."

"Co váháte?" řekl pásek. "Jaký neni zvykem? Von se ptal: 'Je to jedlý?' - já řikám: 'Je.' Dyž to můžou jíst Zulukafři, proč by to nemělo bejt jedlý, ne?"

Všímal jsem si učitele. Těkal pohledem z tváře na tvář, úplně zmatený. Obličej jako by mu puchl zlostí. Spor páska s ženou úředníkovou pokračoval.

Učitel nadsedl a řekl:

"Tak já se dám poddat."

"Ale to nemůžete, pane učiteli!" zaječela tlustá paní.

"Proč by ne?" řekl učitel. "Dyť vy ani nevíte, jestli je to k jídlu nebo ne."

"Páč sme to nevochutnali, že?" řekl pásek. "Třeba je to moc tuhý nebo to neni dobrý a moh by se nám zvednout žaludek." Všiml jsem si, že mu v hlase, krom obvyklého zpěvavého akcentu jeho rodu, zaznívá také nenávist k učiteli, zděděná patrně z let, kdy byl nějakým podobným zástupcem pedagogické vědy pokořován za manifestačně projevenou víru v barevné součásti oděvu a v požitek nejrůznějšího druhu jako jediný možný obsah života (kdežto učitel, nějaký podobný pořízek s měkkýma rukama a skrytou oplzlostí v mozku, zdůrazňoval samozřejmě práci).

"Totiž," ozval se tovární mistr (až do té doby mlčel; v dobách mládí pravděpodobně nenačerpal příliš mnoho z toho nepatrného skladu vědomostí, které za slušný měsíční plat prodával učitel, snad vůbec nevychodil školu a musel po celý život dřít, aby uhájil živobytí, ale v těch několika volných chvílích denně přemýšlel, možná četl, pár knížek Kořenského, Vráze a nyní Hanzelku a Zikmunda; člověk nepříliš schopný humoru, ale schopný poctivého, těžkopádného, ale logického myšlení, jemuž pouze scházela slova). "Totiž," řekl. "V našich krajinách se to nejí, ale jsou na světě země, kde to dosud někteří lidé jedí. Tak je to."

Učitel zaostřil nenávistný zrak na nového nepříte-le, jenž k němu promluvil s úctou, vštěpovanou mu od dětství rodiči, staršími lidmi - kterou později vštěpoval vlastním dětem - k učitelskému stavu, k učitelově vzdělanosti, moudrosti a spravedlnosti. Ale učitel jím pohrdal.

"Já se poddám," řekl znovu otráveně.

"Ale počkejte přece, pane učiteli. Vždyť je to do-cela lehké," řekla žena úředníkova.

"Ne. Já se poddám. To nemá smysl, abych hádal, když dáváte věci, vo kterejch ani nevíte, jestli se jedí nebo ne," řekl učitel. Znovu ho zavalili přemlouvá-ním. Tlustá paní téměř plakala nedočkavou radostí ze hry. Učitel. bezmála černý vztekem, nabručený, nakonec povolil a ponořil se znovu do neplodného přemýšlení. Mělo vnější tvářnost téměř aljechin-skou, ale bylo to jen šedivé převalování rozviklané-ho bucharu na prázdné kovadlině.

"Je to - auto?" vzmohl se konečně.

Pásek se sprostě rozřehtal.

"Ste blbej nebo co?" vpálil mu do tváře všechno, co k němu cítil, své hodnocení, zpříma, bez vytáčky, jak je to nejvyšší a snad jedinou ctností pásků, kro-mě věrnosti k falešnému a zoufalému ideálu, který si však sami nevytvořili (ale lidská hloupost, ne jejich hloupost, žízeň po životě na poušti špísbyr-grů, kteří v sobě nemají jiskru pro tento oheň, pro tuto záhadnou, zoufalou poušť). "Slyšel ste, že by někde žrali fára?"

"Nechte si ty výrazy, člověče," utrhl se na něj uči-tel.

"Nonó," řekl pásek, "Jen nebuďte křehkej jako český sklo. Dyť sem snad tak moc neřek, ne?"

"Já nehraju," řekl učitel a dal markantně najevo uraženost. "Nemám to zapotřebí, nechat se urážet."

Podporován vlnou protestů vložil jsem se do toho.

"Podívejte se," řekl jsem. "Jde o to, abyste si otázky logicky rozmyslel, rozumíte?"

Učitel po mně bodl očima.

"Řek sem, že nehraju," řekl.

"Ale pane učiteli," zakvílela manželka vedoucího. "Přece nechcete mít takovou vostudu!" Charakterizovala situaci zcela výstižně a přesně, byla pořád ještě dítětem, které neumí vidět císařovy nové šaty.

"Nechte si to vysvětlit tady od pana doktora," řekla žena úředníkova. "Přece nebudete trhat partu."

Učitel zahučel.

"Musíte začít od obecných pojmů," řekl jsem, "a otázkami pomalu specifikovat, rozumíte?"

Učitel neřekl nic.

"Chápete," řekl jsem sladce. "Nejdřív něco úplně obecného, nejlépe věc lokalizovat, a potom tu lokalizaci určovat stále přesněji, až zjistíte, tak říkajíc, přesné souřadnice," pohlédl jsem naň tázavě. Nerozuměl ničemu.

"Nejlépe ovšem je," řekl jsem, "zjistit si, je-li to abstraktum nebo konkrétum."

Učitel mlčel.

"Tak to zkuste. Položte probatorní otázku," žvanil jsem. "Pokuste se objekt lokalizovat."

V nenávisti pohnul učitel rty.

"Je - je to černý?" řekl.

Pásek vyprskl a v záchvatu smíchu zvedl pavoučí nohy do výše, div že nekopl učitele do nosu.

"To už je velmi konkretizovaná premisa," žvanil jsem dál vlídně. "A nedozvíte se z ní nic o lokalizaci. Lokalizovat, lokalizovat, pane učiteli!" mlel jsem pořád dokola.

"Je to - " řekl učitel zblble, "je to - vagón?"

"Ach," povytáhl jsem obočí, "není. A zase nevíte nic o lokalizaci."

Pásek zařehtal.

"Hergot, tak se zeptejte, kde to je!"

Učitel si ho změřil.

"To už jsem se ptal," řekl hlasem, který vyzýval k hádce.

"Jó, ptal, ale blbě," řekl pásek. "To se nesmíte ptát 'Kde to je?' " zaparodoval - velmi zdařile - stupidní melodii učitelových otázek. "To musíte říct: 'Je to tady?' nebo 'Je to - je to,' " hledal rychle něco vtipného. Nenapadlo ho nic než pojem, v němž je jeho druhům, ale i mnoha jiným lidem, snad všem, možná, koncentrován humor světa: "Je to - v prdeli třeba, ne?"

"Ale pane P.!" zahihňala se manželka vedoucího oděvní prodejny.

"Nehraju," řekl učitel. "Dyž se tady lidi neuměj chovat slušně, tak já nehraju," prohlásil s učitelskou ctností.

Ale pak přece hrál. Donutili ho, a vydrželo to s ním skoro do Pardubic, kde on i vedoucí oděvní prodejny s manželkou vystupovali. Byla to největší zábava, jakou kdy tato společenská hra poskytla mně nebo páskovi nebo manželce technického úředníka, neboť to nebyla zábava, ale boží mlýn, který ho drtil mezi vantroky. Pomalu, veleřadou nejapných otázek, které nakonec ztratily jakýkoliv stín systému, vpravil se do intelektuálního rozpoložení, označovaného v rohovnických kruzích slovem groggy. Otázkami jako "Smrdí to?" vzbudil podivuhodně vydatné prameny sarkasmu v duši páskově, jehož barevné ponožky každou chvíli stoupaly jako dobrá slunce ohňostrojů ke stropu. Otázkou "Je to vůbec něco?" dal námět pro meditaci mně, neboť jak zazněla, opravdu jsem nevěděl, co to je, ten učitel, po celý život hlásající jakousi morálku, neopírající se o žádné zákony, ani Kristovy, ani Marxovy, a žijící bez morálky, i bez morálky lidského živočicha, pro niž platí odvěký zákon stáda, co nechceš, aby jiní činili tobě, nečiň ty jim, žijící bez smyslu, bez náplně, pouhý systém střev a reflexů, ubožejší než malý, hedvábný syslík, chycený do klece, který se růžovými drápky marně snaží prohrabat si v plechové podlaze cestu ven, k sladké, jedině cenné svobodě. Tento tvor nepotřeboval svobodu, která je zajisté nejvyšším smyslem našeho života, ale jíž nelze dosáhnout jinde než v moudrosti, jež pochopí naši nutnost, i když se často ohánível slovem Svoboda na nársoc schůzích; svobodu, jedinou naši nutnost, jinak bychom zešíleli, jsme-li lidé, protože to nebyl člověk. Zajisté není nadčlověk, ale vždycky se mi zdálo, že je podčlověk. Je, jsou s námi po všechny dny světa jako Ježíšovi chudí, jenomže oni nebývají chudí, nebývají ubozí. Podlidé. Ti malí nebo velcí, podsadití či hubení savci, kteří neznají lásku, věrnost, poctivost, alter-ego, všechny ty ctnosti a nutné vlastnosti člověka, jimiž jedině se udržuje existence rodu zvířat i lidí (uvědomělé u lidí, neuvědomělé u zvířat, pásovců, u bílých myšek, které se nikdy ve svém krátkém životě v přirozeném stavu ducha navzájem nezardousí), kteří zcela samozřejmě, bez rozpaků prosazují absolutní prioritu svého nácku, svého pomyslného (ale jim samozřejmého) práva, slovy o své neomylnosti roztrubují svou pitomost, vždycky hotovi soudit druhé, odsuzovat druhé, ani na okamžik nezapochybují o své samozřejmé dokonalosti, ani na okamžik se nezamyslí nad smyslem své existence, vysmívají se křesťanství a morálce jako přežitkům, ale v hloubi duše nenávidí komunismus, který jim bere svobodu být příživníky, ale nad nímž přece leckteří z nich vítězí, neboť i na něm dovedou příživničit, a nikdy nepřijdou na to, že jsou vlastně kůží a kostmi ohraničenou smrdutou prázdnotou, nechávají po sobě stopy drobných i větších ublížení, zničených životů, rozvrácených životů, zmařených prací, nevykonaných úkolů, ohavných rozvodů, zločinů a tupého a špinavého cynismu. Ti, kvůli nimž musí existovat peklo a věčné tresty, alespoň tresty lidské paměti, nemá-li být všechno na světě jediná gigantická nespravedlnost, neboť snad ani celá budoucnost uskutečněného komunismu nemůže vynahradit oceány utrpení, které ve světě za těch osm nebo devět tisíc let své existence, kdy se vždycky dokázal přizpůsobit a nikdy netrpěl, zatímco jiní trpěli, protože vždycky pohotově hlásal Pravdy, neboť mu byla vždycky lhostejná pravda, způsobil zcela nenápadně, podčlověk, v srdcích zrazených přátel, surově zbitých žen, opuštěných milenek, ztýraných dětí, zničených konkurentů, kteří mu stáli v cestě, obětí jeho zlé nenávisti, která snad ani nepotřebuje důvodu a potřebuje jen krev, jen pomstu, surovou a přímou, nebo oblečenou do legálního verdiktu legální společnosti. Ach, je s námi dosud, spíše než Ježíšovi chudí, jako zlá výčitka a výsměch našim krásným slovům, jako memento naší domýšlivosti, jako výstraha klidu sebeuspokojení, podčlověk, náš nepřítel, bořitel, škůdce, podčlověk, vrah.

Nakonec se učitele ujal tovární mistr a prostým rozumem a trpělivou prostotou ho dovedl k pokořujícímu cíli: k poznání, že předmětem jeho pouti za pojmem byl on sám, že on sám byl stupidní odpovědí na celý ten mumraj stupidních otázek, které kladl a které ho stály nejhlubší pokoření jeho života, byl-li to vůbec život. V Pardubicích vystoupil, a se mnou se ani nerozloučil.

Taková to byla pomsta. Ale když jsem pak přijel do Prahy a kráčel v tlačenici nádražního davu podzemní chodbou k východu, kde se rozsvěcovaly hrozny dívčích tváří, těch velkoměstských tváří, a pak mě přijaly do svých barevných a temných jícnů hlučné ulice, ozdobené barevnými zvony letních šatů a stísněné hlukem každodenních nepříjemností, když jsem se znovu tajně sešel s Margitkou v modrobíle pruhovaných šatech, v diskrétním boxu u Myšáka, s Margitkou, která se živila karamelovým krémem a otáčela na mě něžné, zamilované oči, když jsem se zase začal účastnit té veliké hry drobných surovostí, klamů, podvodů, přetvářek a lží, v jejímž pozadí je touha po ztraceném ráji, po jiném, dokonalejším člověku, který snad kdysi byl a který prý zase jednou bude, a teď se prý teprve rodí těžkým a velikým císařským řezem socialismu (prý se už batolí v plenkách v okruhu továrního mistra, ale já nevím, neznám, nemohu říct), byla už Emöke zase jen snem, jen legendou, která snad ani nikdy nebyla, vzdálenou ozvěnou jakéhosi cizího osudu, v jehož skutečnost jsem téměř přestal věřit. Nenapsal jsem jí, neposlal jsem knihy, které jsem chtěl poslat, filosofii, krátký soukromý kurs myšlení od Sokrata k Engelsovi, do Košic jsem nejel.

A časem, velmi brzy rozhostila se ve mně lhostejnost k té legendě, ta lhostejnost, jež nám dovoluje žít ve světě, kde denně umírají tvorové naší vlastní krve na tuberkulózu a rakovinu, v žalářích a koncentračních táborech, v dalekých tropech na krutých šílených bojištích starého světa, který zešílel krví, v šílenství zklamané lásky, pod břemenem směšně nepatrných strastí, ta lhostejnost, která je naší matkou, naší spásou, naší zkázou.

Tak se stává příběh, legenda, a nikdo ji nevypráví. A přece někde žije člověk, odpoledne jsou horká a marná, a člověk stárne, je opuštěn, umírá. Zbývá jen deska, jméno. Možná ani deska, ani jméno. Ten příběh, tu legendu nosí ještě několik let někdo jiný v hlavě, a pak také umírá. A ostatní lidé nevědí nic, jako nikdy, nikdy, nikdy nevěděli nic. Jméno zaniká. I příběh, legenda. A po člověku není už ani jméno, ani vzpomínka, ani prázdno. Nic.

Ale snad někde přece zůstává alespoň otisk, alespoň stopa slzy, té krásy, té líbeznosti, toho člověka, toho snu, té legendy, Emöke.

Nevím, nevím, nevím.

Praha, jaro 1958

Bassaxofon

Kreischend zögen die Geier Kreise.
Die riesigen Städte stünden leer.
Die Menschheit läg den Kordilleren.
Das wüsste dann aber keiner mehr.

Erich Kästner

Podvečer. Medový a krvavý. Nezávislý na historické situaci národa a města, hovořící ke mně, starému osmnáct let, v závětří závětrného koutku Evropy, kde smrt byla milosrdnější, skromnější. Stál jsem pod průčelím hotelu, který vystavěli koncem století v dobách té úporné snahy vytvořit něco zcela nového, čemu nedovedli dát tvar a dali tomu tedy výraz jakési neschopnosti, který je vlastně krásný, protože není napodobením Boha, ale obrazem člověka - stojím tedy pod tím průčelím se zelenavou mozaikou okolo velikých oken kavárny s květy, vyleptanými do skla a večer, medová kaluž, po něm stéká.

Zprvu jsem ani nepostřehl, že to je ta věc. Ale když ji děda v ošoupaném saku z válečné dřevěné náhražky (byla válka) vyvlekl na chodník z malého šedivého autokaru, když ji s námahou zvedl a povolily panty a veliký černý kufr se otevřel dřív, než byl dost vysoko, aby ta věc z něho mohla vypadnout - otevřel se snad dva tři centimetry nad zemí, takže se vlastně jen pootevřel a světlo medového slunce (stálo nad baňatou věží starého zámku, hořelo v širokých oknech čtvercové věže nového zámku milionáře Domanína, jehož dceru jsem miloval, protože žila v té věži, odkud do čtyř světových stran proudilo v noci světlo alabastrové lampy skrze čtyři akvária, a ona byla bledá, nemocná ve světě fialových ryb, taky jenom iluze, jenom sen, jenom patologický sen patologického dětství) se zalesklo v obrovském, neuvěřitelném korpusu bassaxofonu, velikém jako prádelní hrnec.

Nedomníval jsem se, že by takové věci skutečně existovaly. Byly o nich pouze záznamy z dob, kdy žili poetisté a vyznavači dada, snad někdy v dávnověku republiky vyrobil někdo nějaký takový muzeální kus, reklamní pomůcku, příliš nákladnou a později odloženou do zapomenutého skladiště. Pak už se nevyráběly; byl to jenom sen, teoretický výpočet, ztvárněný kdysi v pestrých letech dvacátých; my jsme měli pouze altky a tenory. V Rohelnici, vysoko v horách, žil ovšem jakýsi Syrovátka, syn venkovského kantora a kapelníka, a ten vlastnil legendární baryton; hrával s vesnickými kapelami na altku, měl slaďoučký, kolísavý tón; neswingoval; byl to naprostý sokol. Ale patřil mu starý baryton, nástroj osleplý kazem a měděnkou, uložený v horách, na půdě doškové chalupy; děrami pronikala k němu záře slunečního rubínu; nad černou šmouhou lesa se dodnes vynořuje jedovatý tyrkys a v něm pluje to krvavé oko, rudá oliva v zelenkavém víně; večer na horách, který připomíná terciér a přesličkové pralesy; a škvírami v doškové střeše dopadalo to podvečerní světlo na kalné, mlhavé stříbření mastodontího korpusu; ve čtyřicátém, když se neuvěřitelné stalo možným (šest plechů, velký band, basa, bubny, kytara, piano), Syrovátko přišel z hor, a tak to bylo pět saxofonů; seděl docela na kraji bílé řady, v saku ze sypkoviny, ramena jako průčelí hranaté kredence; neswingoval; ale mýtický nástroj se matově leskl ve světle rampy, a nad ním jsme zpívali my čtyři, také radostí, že je s námi, i když kráčel po vlastních horských cestičkách pod našimi klouzavými akordy. Tohle však bylo ještě něco tajemnějšího: bassaxofon (možná že význam takových věcí je neuvěřitelný - téměř nepoužívaného a skoro nepoužitelného nástroje pro zamindrákovaného výrostka uprostřed Evropy, ohraničené jmény, jež později přešla do ďáblova slovníku: Majdanek, Aušvic, Treblinka. Jenže co v tomhle životě si můžeme zvolit? Nic. Všechno k nám přichází samo).

Zjevil se mi, na vteřinku, stříbrná rybka v tom medovém koláči babího léta; hleděl jsem na něj, jako hledí dítě na první pannu. Ale trvalo to jen chviličku; děda v dřevěném saku se sehnul, v kloubech mu zapraštělo, byl to revmatismus války a spánku v nádražních halách. Sklonil se a zavřel víko; špagátem začal svazovat prasklý závěr. Dobrý večer, řekl jsem. Pane, to je bassaxofon? zeptal jsem se. Ne proto, že bych nevěděl, ale protože jsem chtěl slyšet; chtěl jsem o tom mluvit; ani jsem nikdy nezaslechl jeho zvuk, jenom v ušpiněné knize, kterou měl Benno, kterou ukradl u některého ze svých světáckých židovských strýců v Praze a která byla ještě navíc napsána francouzsky, tedy řečí, již jsem se odmítal učit, takže mě učitelka francouzštiny prohlásila za zarážející antitalent (neboť jsem se tajně učil řeči bluesů z pětikorunové brožurky), Le Jazz Hot, kterou ten světácký židovský strýček koupil někde v Paříži a dovezl ji do Prahy a odtud ji ukradl Benno a přivezl ji do Kostelce, takže teď byla, jako kniha Mormon, původu andělského, v kožené knihovně Bennova otce v obrovské vile u řeky v tom malém provinčním městě uprostřed Evropy, uprostřed války; jako kniha Mormon napsaná nebeským jazykem hovořila ke mně jenom jmény věcí (bassaxophone, sarrusophone, cow-bells, mellophone) a lidí (Trixie Smith, Bix Beiderbecke, Bud Freeman, Johnny St. Cyr) a míst (Storyville, Canal Street, Milneburg) a kapel (Condon's Chicagoans, Wolverines, Original Dixieland Band), tedy tím mezinárodním jazykem nevinného kultu; Adrian Rollini; jen to jméno; chicagský hráč na bassaxofon, nikdy jsem ho neslyšel, jenom jsem věděl, že občas patřil k té zlaté partě, jež nahrávala do akustických kornoutů.

Děda se narovnal, opět to zapraskalo. Na kolenou mu dřevěná látka dělala veliké boule. Lebku měl pomačkanou jako puklé vařené vajíčko, jedno oko pošouplé níž, až skoro na tvář; kolem toho zamodralého oka rašily plavé vousy. Verstehe nicht tschechisch, řekl. To druhé, zdravější oko se pohnulo, sklouzlo po mém károvaném saku k ruce, k deskám se štítkem 2nd TEN. SAX. Das ist ein Bassaxofon, bitte? opakoval jsem. Už to mě patrně vyloučilo z národního společenství, neboť německy se mluvilo pouze nedobrovolně; měl jsem při prvním zaznění německých slov odejít, rozžehnat se s bassaxofonem; ale jsou silnější věci. Das ist ein Bassaxofon, bitte? řekl jsem tedy a oko, ne to zamodralé, to zdravější, spočinulo na mých deskách, pak pomalu, pátravě, s jistým pohrdáním vystoupilo opět po károvaném saku, dotklo se černé tkaničky kolem mého krku, odrazilo se od širokého okraje mé tatry (byl jsem potápka, gejblík, pásek; no ano; byl; mělo to také politický smysl; je to vždycky legitimace opoziční strany, ale nejenom to: taky je to souvislost s mýtem, s mýtem mládí, s mýtem mýtu) a pohlédlo na mě. Zkoumalo mě. Ja, řekl děda. Das ist es. Du spielst auch Saxophon? (Tykal mi, ani mi to nepřišlo divné). Ja, řekl jsem. Sie auch? Ale děda neodpověděl. Znova se sehnul. Zase to zapraštění, jako by se v něm při každém shýbnutí lámala kostra, roztříštěná jakýmsi dum-dum, na drobné kostičky - ale čím vlastně držel pohromadě? Asi jen vůlí, jaká byla v těch, kteří přežili všechny detonace a potom stejně - patrně brzo - zemřeli; všechno v nich bylo nahlodané, naprasklé; játra, plíce, ledviny i duše. Flekatými prsty rozvázal špagátek. Třásly se mu. Rakev se otevřela a v ní ležel, obrovský jako biskupské žezlo. A zase děda zapraštěl, a zase se na mě podíval. Já hleděl na bassaxofon; jeho dlouhé, neuvěřitelné tělo, nahoře vysoká smyčka z kovu, taky byl zašlý, osleplý, jako ten baryton z Rohelnice; tyto nástroje byly všechny jen pozůstatky starých, lepších, veselých časů, dávno se nedělaly; teď se vyráběly jen panzerschrecky, jenom pláty válcované ocele.

Mächtest du's spielen? zeptal se děda jako Had. Ano. Neboť to bylo Jablko a já byl Eva; anebo on byl ubohá, ohyzdná Eva, s jedním vyhřezlým okem v zlatém věnečku vousů, a já byl Adam. Uvědomil jsem si národní společenství a lidství ve mně se umenšilo; promluvil hlas rozumu, ten idiotský hlas: konec konců je to jen hudební nástroj, a tohle je české město Kostelec. Umlklo dítě, panna zavřela oči; bylo mi osmnáct pryč, byl jsem dospělý. Pohlédl jsem na dědu, na tu ohyzdnou Evu, sklouzl jsem zrakem stranou, po malém, šedivém autokaru: někde, náhodou, v honosné skříňce NSDAP na radnici jsem zahlédl, že přijede Lothar Kinze mit seinem Unterhaltungsorchester, a to stálo oprýskanými písmeny i na šedivém autokaru: LOTHAR KINZE MIT SEINEM UNTERHALTUNGSORCHESTER; a v té vývěsní skříni stálo ještě, že to bude Konzert für die deutsche Gemeinde in Kosteletz, tedy pro místní nácky, kteří tu byli odjakživa (Herr Zeeh, Herr Trautner, Herr Pelotza-Nikschitsch), pro nacistické úředníky, kteří sem přitáhli z Říše, aby se tu zotavili v protektorátním bezpečí, pro letecké radisty z Ernst Udet Kaserne a taky pro pana Kleinenherra, jenž rovněž kašlal na národní společenství a stýkal se dál s Čechy a mluvil česky. Ale jen pro Němce; Čechům vstup zakázán. A tak jsem přijal tu hru. Namísto abych zabíjel láskou (milujte nepřátele své, dobře čiňte těm, kteří vás nenávidí), pokusil jsem se odpovědět nenávistí; nebyla ve mně; jistě ne vůči tomuhle dědovi s očima na štorc ani vůči feldvéblovi (nebo jakou měl vlastně hodnost) z Ernst

Udet Kaserne, který jako věrný bullteriér vytrvale chodil za mou sestrou, když se vracela z kanceláře pivovaru a vždycky ji oslovil a ona vždycky, jako dobrá Češka, přidala do kroku, a přece měl ten feldvébl toužebné, německé oči pod lodičkou s orlem a hákovým křížem, oči touhy ve vyzáblé, bezvýrazné, docela prušácké tváři, ale sestra byla dobrá Češka; a taky se ho bála; to spíš; moje sestra byla hodný člověk; a jednou jsem ho uviděl sedět u jezu, voda Ledhuje hučela, smuteční vrby šuměly, šedivé mraky táhly k černému východu, seděl, bagančata v trávě a psal do modrého kapesního zápisníku; připlížil jsem se přes jez, škvírou po suku jsem zašilhal po ruce s tužkou, a podařilo se mi přečíst pár slov, napsaných švabachem: Bald kommen Winterstürme mit dem roten Schneen / O Anna, komm zu mir den grausam gelben Pfad! / In meinem Kopfe kalte Winde wehen - víc už jsem ho neuviděl, jeho prapor nebo pluk nebo k čemu patřil brzo nato odveleli na frontu a moje sestra se jmenovala Anna a z pivovaru se chodilo kaštanovou alejí, která na konci babího léta zežloutla, zoranžověla a potom zemřela a zůstaly jen černé kostry kaštanů. Ale přesto jsem zavrtěl hlavou, přesto jsem se otočil. U baňatého kostela stál také pan Káňa, hleděl na mě (jindy, před dvěma léty, tam stál pan Vladyka a taky na mě hleděl, když jsem stál před hotelem a namlouval panu učiteli Katzovi, že všechno dobře dopadne; vždycky odněkud hledí nějaký pan Káňa nebo pan Vladyka; je to strašný svět; těch pohledů se nezbavíte, jenom když neděláte nic a jste nic, a ani potom snad ne; sledují nás od chvíle, kdy je možno nás trestat nebo skrze nás trestat naše rodiče, známé, milované přátele; snad se těch pohledů nikdy nezbavíme; ti druzí; to naše peklo). Vykročil jsem; na rameno se mi položila dědova ruka. Bylo to jako dotyk železných pařátů, ale docela jemně; ne gestapácká, jenom vojácká ruka, a v nich je něžnost, v rukou těch kostlivců, které povolali pod svoje hnusné vlajky; a zvláště když se z porážky vrací zpátky; a pro ně je to vždycky jenom porážka, pro ty kostlivce. Warte mal, slyšel jsem hlas, který zněl v dvojzvuku, dvojí naprasklé vrzání hlasivek přeseknutých podél. Wilst du mir nicht helfen? Dieses verdammte Riesensaxophon ist zu schwer für mich.

Zůstal jsem stát. Pan Káňa vytáhl z kapsy pouzdro na cigarety, zapálil si. Otočil jsem se. Dědovy zmrzačené oči na mě zíraly jako ze strašné pohádky; ale u nohou, v černé rakvi s vyrudlým polstrováním ze sametu, mu spočíval bassaxofon. Dítě zas otevřelo oči. Panna promluvila. Na klapkách velikého korpusu, velikých jako ozdoby z koňského postroje, se na okamžik usadila malá slunce. Ja, Bassaxophon, řekl děda. Slyšels ho někdy hrát? Má hlas jako zvon. Sehr traurig. V závitech toho skřípění lidských hlasivek vzpomněl jsem si opět na feldvébla, jak psal na břehu Ledhuje veršíky do zápisníku; na tu živou lidskou jednotku, one-man unit, ztracenou v obrovské válce; narážející jako nemotorná želva na kryt neporozumění mé sestry; na toho člověka, jistě osamělého mezi muži v uniformách (nebyla to kasárna SS, jenom obyčejná německá kasárna, ale i kdyby to byla kasárna SS; možná; cesty našeho života vedou bůhvíkam); nikdy ho už jistě ani já, ani moje sestra neuvidíme; hleděl jsem na ten smutný nástroj, a v duchu povstal za drátěným pultkem dávných let neznámý Adrian Rollini; smutný jako zvon. Hned zase panna zmlkla. Entschuldigen si, řekl jsem. Spěchám. A zase jsem se otočil, abych se v poslední chvíli zachránil před tou zradou, před očima pana Káni, ale železná ruka kostlivce mě držela pevně. Nein, du gehst nicht! pravil hlas a nasadil si masku; byla to jen maska, pod ní hleděla nejistá tvář nějakého problému; nevěděl jsem ještě jakého. Du hilfst mir mit dem Saxophon! Chtěl jsem se mu vyškubnout, ale z portálu hotelu vyšel obrovský muž v uniformě, rozkročil se, žlutou tvář nastavil slunci; zazářila jako veliká louže z citronu, v ní se otevřely dvě šedivé oči, jako upír Nosferatu hledící z toho citronového hrobu. Nein, ich kann wirklich nicht. Lassen sie mich los, řekl jsem, zacloumal jsem se kostlivci, ale držel mě. Herr Leutnant! vykřikl; šedivé oči pohlédly na mě; cukal jsem sebou; koutkem oka jsem zahlédl pana Káňu v bezpečí, zdálo se mi, že souhlasně přikývl; děda říkal něco muži s tváří upíra Nosferatu; nebude to tedy dobrovolně; z donucení ano. Proč mu nechcete pomoct? promluvil poručík. Je to přece starý člověk. Ein alter Mann. Pohlédl jsem na něho; byl obrovský, ale smutný, jenom maska vojáka; šedivé oči seděly v inteligentní tváři jako severní vajíčka. Und Sie sind doch auch ein Musiker, řekl. Vezměte ten saxofon. Vzal jsem ho. Železná ruka mě pustila. Hodil jsem si černou rakev na rameno a vykročil jsem za dědou. Jestlipak má taky tenhle masitý, obrovský člověk notýsek? Bylo to možné; pravděpodobné. Nezařval; nevydal rozkaz. Sie sind auch ein Musiker.

Nesl jsem tedy bassaxofon hotelovou halou, která se změnila od časů, kdy jsem tu byl naposled. Vešel jsem do jiného světa; nebyl jsem v Kostelci; rudé vlajky s bílým a černým obrazem zlého slunce, bronzová busta toho člověka (potom po válce, když jsme ji rozbili, zjistilo se, že nebyla bronzová; byla z papírmaše). Paní v dirndlu u recepčního pultu, několik vojáků. Kolem nich jsem nesl bassaxofon v černém pouzdře; nemá to co dělat s Němci nebo Neněmci; je to z dvacátých let; tehdy ten člověk ještě ani nebyl.

Potom po kokosovém koberci do prvního poschodí. Béžová chodba, zase jiný svět; maloměstský sen o přepychu. Na krémových dveřích mosazná čísla a ticho. Do ticha za kterýmisi dveřmi bil ostrý německý hlas.

Děda - teď jsem si všiml, že kulhá; že vleče za sebou zbytek nohy, ne že by mu kus chybělo, ale vždycky když našlápl na druhou, zdravější, nemocná noha se nezdvihla ze země, ale chodidlem napříč přes směr chůze se vlekla, drhla o kokosák, zametala prach, dokud se na ni opět nepostavil - vzal za kliku dveří s číslem 12a (jak nádherně bezpečná musela být doba, která se bála zasadit třináctku z mosazi do těch krémových dveří, aby nepřišla o obchůdek; neboť cestující, snad majitel auta, rozhodně zámožný člověk, když mohl použít služeb městského hotelu, by třeba odmítl spát za nešťastným číslem, nasedl by do auta a odjel do bezpečné noci, do konkurenčního sousedního města, do jiného krémového pokoje, do jiné marné, dávno uplynulé, zapomenuté noci, jako jsou všechny a všichni upadlí v zapomenutí; a jenom číslo - 12a - zůstalo) a otevřel je. Vmanévroval jsem dovnitř s bassaxofonem a hned mi napadlo: Proč sem? Do budoáru se zlaceným nábytkem? Vždyť sem se nenosí takové velké nástroje. Jejich místo je v šatně za jevištěm, někde v okolí sálu, který je v zadním traktu hotelu. Proč tedy sem? Není to nějaká léčka? Past? Ale děda už zavřel dveře, a tehdy jsem spatřil toho muže na zlacené posteli, vlastně jen hlavu; ležel pod dekou s hotelovým modrotiskem, dýchal neslyšně otevřenými ústy, oči měl zavřené. Pokoj svítil jako žlutozlatý lampión, slunce babího léta sahalo dovnitř žlutými paprsky skrze záclony; jako na starých rytinách: barokní slunce nad žasnoucími svědky zjevení (chyběla jen naivní madonka a padající pokrývač, zachráněný madonkou, vzývanou v pravý okamžik); nebylo to však zjevení - nepočítám-li fossilní nástroj, ztajený v gigantickém pouzdře - jenom muž na zlacené posteli, hlava s otevřenými ústy, slaboučký, chrčící dech průdušek, jimiž patrně nedávno duly mrazivé větry Východní fronty anebo písek El Alameinu a jiných měst, uzavřených v poušti, se jmény jako z básníků poetismu, s konstrukcemi z vybělených koster a pískem vymletých přilb, z nichž nějaký nový Hieronymus Bosch splete rámy k neobarokním obrazům v budoucím věku temna - a za tím slaboučkým chrčením odpolední ticho siesty, světla mosazných koulí na toaletním stolku, který se stylově nehodil k posteli, růžový obraz růžové dívky s růžovým naháčkem, což měl být snad Jesus Kristus - a ticho; a v tom tichu jiný, vzdálený, filigránský, ale nebezpečný, prskavý hlásek. Ohlédl jsem se po dědovi; muž na posteli se nepohnul; jedno dědovo oko se dívalo na mě - to na tváři - ale bylo slepé; také se zaposlouchávalo do vzdáleného hlasu; a pak jsem si uvědomil: nebyl vzdálený, byl jenom za stěnou, a naopak nebezpečně blízký. Znovu jsem pohlédl na dědu, na jeho druhé oko; dosvědčovalo mi nebezpečí toho hlásku. Ne strach, jenom obava; ten člověk (přízrak z Armageddonu pozůstalý) byl už mimo všechen strach; zažil příliš mnoho smrti, byla mu už lhostejná, a čeho se ještě bát, nebojíme-li se smrti ani bolesti (té zažil snad ještě víc než blízkosti smrti). Tedy jen obava, jakási starost. Also, řekl jsem, auf wiedersehen; otočil jsem se; děda proti mně vztáhl ruku podobnou kořenu. Warte, pravil, zaposlouchal se - nepřestal být zaposlouchaný - do toho vzteklého, trpasličího hlasu za stěnou. Uplynulo deset vteřin, třicet; snad minuta. Ich muss schon - ale ruka podobná kořeni sebou mávla, netrpělivě, nedůtklivě. Podíval jsem se na bassaxofon v pouzdře. I to neslo stopy dávných věků; takové snad už ani neumí; na rozích mělo ozdobné kování jako rodinná kronika mé babičky v plyšové vazbě. Du kannst dir es anschauen, řekl skřípavý hlas přeseknutých hlasivek, dědův, ne hlas za stěnou; ten měl hlasivky v pořádku; jeho majitel hlasivkami žil; kdyby se mu na nich udělaly uzlíky, anebo je obsadily kolonie tuberkulózních bacilů, znamenalo by to konec, člověk by nepřežil hlas, neboť hlas an sich byl zdrojem jeho existence, společenského postavení; jenom hlas byl důležitý, ne mozek, v němž měl hlas své centrum; těmito hlasy nevládnou mozková centra, vládnou si samy, vládnou centrům; tedy dědův hlas řekl. Du kannst dir es anschauen. Oder auch ausprobieren, wenn du willst. Pohlédl jsem na něho; oči už neposlouchaly hlas; hleděly na mě téměř laskavě. Ja, řekl jsem. Ich möchte gerne, aber - a pohlédl jsem na ozdobné kování, otevřel jsem pouzdro. Barokní paprsky pohladily kotel; ten prádelní hrnec plný měděnky po dávno zaschlých slinách barových muzikantů. Ja, řekl jsem. Das ist eine Sensation, přeložil jsem svoje nejvyšší uznání. Sáhl jsem do pouzdra, pozdvihl jsem ho, jako bych pomáhal nemocnému sednout. A on se přede mnou vztyčil. Strojek ze silných, postříbřených drátů, jejich pletivo, převody, páky jako strojoví nějaké obrovské a zcela nesmyslné mašinérie, patent pomateného vynálezce. Tyčil se mi v rukou jako věži babylónská, kónický, zužující se vzhůru, v zašlých klapkách se tisíckrát zrcadlil můj vlastní obličej úcty, naděje a lásky; a víry (je to absurdní, já vím; láska je ale vždycky absurdní; a víra; zajímal mě víc než kdy jaká filosofie; obdivoval jsem se mu víc než možné Venuši, jistě než venuším kosteleckého náměstí, ale jistě i víc než každé jiné, třeba milósské; nepoužívanému a téměř nepoužitelnému nástroji, té nástrojářské noční můře, kurióznímu žertíku dávno mrtvého muže, posedlého vymýšlením pístových trumpet a kovových klarinetů);

je to absurdní, monstrózní, ale byl krásný. Pnul se jako slepá stříbrná věž, oblitá zlatavým mořem, v béžovozlatém pokoji městského hotelu, dotýkán bázlivými prsty, a za ním přízrak Rolliniho na druhém konci světa v Chicagu.

Ohlédl jsem se; najednou mi přišlo, že jsem tu sám (kromě muže v posteli, ale ten spal); a byl jsem. Opatrně jsem spustil bassaxofon do jeho plyšového lůžka, přistoupil jsem ke dveřím a vzal jsem za kliku; byla ještě teplá nedávným stiskem ruky rozpálené horečkou; sama to byla mosazná ručka, držící vodorovné břevno s mosaznou koulí na konci. Stiskl jsem ji, ale dveře se neotevřely. Byl jsem zamčen v pokoji, svítícím jako béžový a zlatý lampión.

Obrátil jsem se do té zářivosti. Nad slepým, stříbrným torzem v plyšové rakvi se motala pozdní moucha. Bzučela. Létala v kosmickém dešti zářivých prášků v barokní fascii; přistoupil jsem ke stěně.

Tapety byly staré, flekaté, ale dosud se v béžovém poli leskly otřelé obrázky holubic. Přiložil jsem ucho na jejich něžné hrudi. Hlásek se přiblížil; vytrvale opakoval protivnou, nesrozumitelnou litánii vzteku, popuzení, panovačné, nablýskané, holínkami opatřené hysterie. Poznal jsem ho. Nerozuměl jsem mu dál, ale věděl jsem, kdo mluví za omšelými holubicemi, v tom druhém, stejně béžovém pokoji: Horst Hermann Kühl; vnikl s tím vřískajícím hlasem po železných schůdkách až na střechu Sokolovny, odkud se po jiných železných schůdkách lezlo dolů do projekční kabiny biografu; nebyl jsem tam, ale Mach, operatér, mi to vyprávěl: jak se nejdřív objevily na železných schůdkách černé holinky, ale současně s nimi a před nimi se tam dral hlas: Was soll das heissen? běsnil jak jedovatá prskavka. Das ist eine Provokation! Takovou moc měl ten hlas (myslím teď jiný: hlas černošské zpěvačky, prý snad Elly Fitzgeraldové; nevěděl jsem to; byly to ještě staré Brunswicky, před obdobním slávy hvězd, a na štítku nestálo nic než Chick Webb and His Orchestra With Vocal Chorus; a hrál tam krátké zalykavé sólo nějaký saxofonista; prý Coleman Hawkins; a tamto prý byla Fitzgeraldová, ten hlas), že přinutil - v rozmezí světa K. všemocného - Horsta Hermanna Kühla opustit křeslo, v němž slastně prožíval pauzu po žurnále a před filmem s Christine Söderbaumovou nebo snad s Heidemarie Hathayerovou, a když uslyšel černou Ellu (I've Got a Guy, he dont dress me in sable, he looks nothing like Gable, but he's mine), vymrštil se z toho pohodlného křesla a s pištěním jako říjící myší sameček (bylo to všechno v rozměrech kosteleckého mikrosvěta) se vyřítil uličkou mezi křesly do foyeru a po schodech nahoru a po železných schůdkách na střechu a po železném žebříku (spíše než schůdkách) do kabiny a s pištěním zabavil tu desku a odnesl ji s sebou. Mach mě shodil; shodil; co měl dělat; mohl říct, že neví, kde se tu sebrala deska s Chick Webbem; mohl dělat blbého, ten osvědčený český recept; někdy na ně platil; téměř milovali blbé švejky; kontrastem k nim zářili hulákající moudrostí. Ale Macha to nenapadlo, tak mě shodil.

Skutečně jsem se dopustil toho zločinu; dnes už je

neuvěřitelné, co všechno mohl (může) být zločin; ale všechno; účes à la Beatles v Indonézii (to dnes - a vždycky je taková síla hnisavým výronem slabosti); také naše havly byly kdysi zločin, stejně jako dívčí kadeře na hlavách mládenců, které tak pohoršují syfilitické číšníky; také když mého otce usvědčili z rozhovoru s panem Kollitschonerem; také přesvědčení, že drosofily jsou vhodné k biologickým pokusům; použití slangu; anekdota o presidentově manželce; víra v zázračnou moc obrazů a soch; nevíra v zázračnou moc obrazů a soch (a všude ty oči, ty slídivé oči Káňů a Vladyků; a uši; a drobná hlášení; a kartotéční lístky; perforované; kybernetické; ze všeho patrně nejdřív zkybernetizované). Já jsem kreslil pro kino diapozitivy; nosil jsem je do kabiny po železných schůdkách a napadlo mi to, protože radost z krásy, požitek z požitku, se umenšuje soukromím. Měl jsem ty vzácné desky doma, poslouchal jsem je vždycky večer, před spaním, už v posteli, na válečném pérovém gramofonu vedle lůžka: Doctor Blues, St. James Infirmary, Blues in the Dark, Sweet Sue, Boswell Sisters, Mood Indigo, Jump, Jack, Jump; ale jednou v projekční kabině, kde se otáčel elektrický gramofon a reprodukoval dolů do sálu píseň Hej, panimámo!, posedla mě myšlenka; rozhodl jsem se: přesto že byly tak vzácné, půjčil jsem je do kabiny (zpívané skladby jsem označil lepenkou, aby se Mach nespletl, aby je omylem nepustil), a zatímco pan Regierungskommisar a ostatní očekávali začátek filmu Quack, der Bruchpilot, očekával jsem já první údery Webbova bubnu ve foxtrotu Congo: to zvěstování, seslání krásy na hlavy v kinosále; a když se ozvaly, ta slast, ta nádhera, pohlédl jsem okénkem dolů a nechápal jsem, že hlavy se nezvedají, neotvírají úžasem oči, že neumlkají hlasy a čelisti, žvýkající kyselé válečné bonbóny, že neustávají v práci; dav dál ševelil banální konverzací davu; nic; pak se jednou Mach spletl (později mi vysvětlil, že lepenka na té straně se odlepila); dav ševelil dál, ignoroval smearované swingování Chickových saxofonů, a ševelil dál, když nasadila Ella nasal twangen (I've Got a Guy, and he's tough, he's just a gem in the road, but when I polish him up, I swear...), jenom pan Horst Hermann Kühl umlkl, zbystřil sluch, zpozorněl, a pak se rozeřval (vždycky, bohužel, je pozornější nenávist než lhostejnost, a nenávist než nedostatek lásky).

Tu desku mi nevrátil; nikdy už jsem se nedozvěděl, co se s ní stalo. Zmizela někde v jeho pětipokojovém bytě, jemuž vévodil oltář (ano, oltář) s portrétem toho člověka v životní velikosti; po revoluci, když jsem tam pronikl s jinými ozbrojenými hudebníky, deska už tam nikde nebyla; nic tam nebylo; pouze opuštěný muž na portrétu, jemuž někdo před námi přimaloval cvikr a plnovous a nesmyslně dlouhý pyj, čouhající z vojenského poklopce; Horst Hermann Kühl se včas zdekoval; i se zařízením; i s majetkem. Snad i ji vzal s sebou, černou Ellu, možná že ji tenkrát v návalu vzteku rozbil, vyhodil do popelnice. Mně se nic nestalo; otec rozhýbal soukolí styků, protekcí, přímluvců, úplatných zprostředkovatelů, Kühl se uklidnil. Patřili jsme k významným v městečku (přesto později, ke konci války, tatíka zašili; vlastně tenkrát právě proto; byl proto několikrát zašit v nejrůznějších dobách; takové postavení je vždycky relativní; často vás zachrání, patrně stejně často vás zničí; a vždycky jste v nenávisti, vždycky jste na očích. Projde vám, co neprojde plebsu, a co projde plebsu, vám neprojde); proto se mi nic nestalo; provokace (že jsem způsobil veřejné pohoršení anglickým zpěvem černé Elly, zatímco němečtí občané Kostelce čekali na romanci Christiny Söderbaumové) byla zapomenuta. Horst Hermann Kühl ji přešel mlčením, vykoupeným patrně lahví Meinlova rumu nebo něčím podobným (jako ve starém světě se platilo dobytkem, v moderním světě se platí alkoholem; pecunia - alcunia; kdo ví).

Takže hlas Horsta Hermanna Kühla jsem bezpečně poznal. Bylo to snadné; vlastně jsem ho nikdy neslyšel mluvit; buď mlčel, anebo řval. Nyní řval, za stěnou, polepenou béžovými tapetami se vzorkem stříbrných holubiček, k jejichž něžným hrudím jsem tiskl ucho. Co řval, rozumět nebylo. Ve vroucím bití slov, jako tlukot holubiččina srdce, jsem zaslechl útržky zbavené celkového smyslu:...noch nicht so alt...an der Ostfront gibt's keine Entschuldigung... jeder Deutsche...heute ein Soldat...Také zcela jinou řečí než slova truchlivého feldvébla, napsaná švabachem do modrého sešitku (ale uvnitř každé řeči existují dva jazyky; ne třídní; nemají také co dělat s tzv. krásnou mateřštinou a vulgárním argotem; hranice probíhá uvnitř); Horst Hermann Kühl ovládal jenom jeden ten jazyk: jako inspektor Werner, ten vrahoun, který jako dělová koule prolétl kolem studentské hlídky na chodbě (Lexa, náš čtvrtý tenorák se s ním jednou chytil do křížku a sklidil za to nevítanou pochvalu; Werner vyžadoval zápas), vrazil do třídy a rozeřval se na křehoučkého, tuberkulózního profesůrka němčiny; profesor poslouchal s hlavou k jedné straně, klidný, křesťansky vyrovnaný, snad odevzdaný osudu. Werner řval, zuřil, vztekal se; z úst mu vylétala slova jako Kerl, Dreck, Schwein a Scheisse, nerozuměli jsme mu, jenom bylo jasné, že profesora nechválí; profesor poslouchal; když se inspektor nadýchl, využil chvilky, klidně pravil: tiše, ale jasně; důstojně; téměř velebně: Ich lehre Goethe's Deutsch, Herr Inspektor, pravil. Ich lehre nicht Schweindeutsch. Kupovivu, nezvedla se vichřice apokalypsy. Inspektor zmlkl, sklapl, otočil se a zmizel. Jenom čertovský smrad jakéhosi viksu na holínky po něm zůstal.

Ich will nichts hören! Ich erwarte heute Abend, hlas Horsta Hermanna Kühla za stěnou se ponořil opět do hulákavé nesrozumitelnosti. Někdo (za stěnou) chtěl něco říct, ale tenor jako bič ho umlčel. Odstoupil jsem od holubiček; zlaté prašné prsty babího léta dosud pomalu stoupaly po tapetách, po šatníku s krémovými andílky, po jejich oloupaných zlatých kučerách, a vytvářely baldachýn hvězdného prachu nad bassaxofonem. Muž v posteli pořád spal. Z polštáře mu trčela brada jako zoufalé skalisko; připomněla mi bradu mrtvého dědečka; taky tak trčela z rakve, taky se strniskem, které žije déle než člověk, jako na výsměch. Ale tenhle ještě nebyl mrtvý.

121

A já byl ve věku, kdy se nemyslí na smrt. Znova jsem přistoupil k bassaxofonu. Hlavní část těla ležela vlevo, zapuštěna v plyši. Vedle odpočívaly ještě dvě částice: dlouhá kovová dýmka s mohutnými klapkami nejhlubších tónů, zahnutá páka a talířek potažený kůží na oktávové klapce, kónické zakončení s velikým mundštykem.

Přitahoval mě jako novice bohoslužebné náčiní. Shýbl jsem se, zdvihl jsem ho z plyšového lůžka. Pak druhou část; sesadil jsem je dohromady. Objal jsem tělo něžnými prsty: známý, povědomý rozestup prstů, malíček na rýhované gis, hluboko dole, pod prsty pravé ruky, klapky basového hřmění; zahýbal jsem prsty; mechanismus líbezně zachřestil; prudce jsem domáčkl klapku za klapkou, od H až do C a pak ještě malíčkem H a B a v obrovských dutých prostorách bassaxofonu slabě, ale zřetelně zaklapala žbluňkavá ozvěna drobných kožených úderů, sestupná stupnice, jako krůčky maličkého kněze v kovové svatyni; nebo zabubnování malých bubnů v kovových objímkách, jakýsi tajemný telegram tamtamů; nemohl jsem odolat: sáhl jsem po mundštyku, nasadil jsem ho, otevřel jsem plyšové víko přihrádky v rohu rakve; byly tam: svazek obrovských plátků, podobných pekařským lopatám; zasunul jsem jednu do objímky, vyrovnal jsem okraj, strčil jsem mundštyk do úst, naslinil jsem plátek. Nehrál jsem. Jenom jsem tak stál s mundštykem v ústech, roztaženými prsty jsem objímal obrovské tělo saxofonu, oči zamžené, hýbal jsem velkými klapkami. Bassaxofon.

Nikdy jsem ho neměl v ruce; bylo mi, jako bych

objímal milenku (dceru Šerponě-Domanína, tu záhadnou lilii mezi akvárii, anebo Irenu, která na mě kašlala; nemohl bych být šťastnější, kdybych objímal Irenu, dokonce ani tu dívku plnou ryb a měsíce). Stál jsem, trochu přikrčen, zamženýma očima jsem se uviděl v zrcadle toaletního stolku, přikrčený, s bassaxofonem, který ohbím korpusu spočíval na koberci, oblitý zářícími prášky, neskutečným světlem groteskního mýtu; jako žánrový obrázek; určitě však žádný takový neexistuje: mladík s bassaxofonem. Mladík s kytarou, mladík s dýmkou, mladík se džbánem, ano, mladík s čímkoliv, ale ne s bassaxofonem na prochozeném koberci, mladík v zlátnoucím šeru slunce, propouštěného mušelínovými záclonami, s němým bassaxofonem, to myšákovské rokoko šatníku v pozadí, a muž, trčící bradou jak mrtvola z polštáře s modrotisky. Takový mladík s bassaxofonem a spícím mužem. Absurdní. A přece to tak bylo.

Slabounce jsem dýchl. Silněji. Ucítil jsem, jak se plátek chvěje. Foukl jsem do mundštyku, přejel jsem prsty po klapkách: z korpusu, podobného prádelnímu hrnci, zazněl surový, krásný, nekonečně smutný Zvuk.

Možná že tak volali umírající brachiosauři. Zvuk naplnil béžovou komnatu tlumeným smutkem. Zastřený, hybridní tón, zvuková slitina nějakého neexistujícího basového cella a basového hoboje, ale spíš explozivní, nervy trhající zatroubení, hlas melancholické gorily; jenom ten jeden teskný tón, traurig wie eine Glocke; jenom ten jeden jediný Zvuk.

Lekl jsem se, rychle jsem vzhlédl k muži v posteli, ale ani se nehnul, útes brady čněl dál, nehybně jako výstražné znamení. Ticho - najednou jsem si uvědomil, že oddělený, nebezpečný hlásek za stěnou už neprská - ale někdo tu byl, kromě mne, muže v posteli, mouchy a bassaxofonu.

Ohlédl jsem se. Ve dveřích stál pohublý tlouštík s červenou lysinou a s váčky pod očima. oči měl smutné jako hlas bassaxofonu.

Ještě pořád dozníval; vzdaloval se pozlacenými chodbami městského hotelu, odpolední zařvání, které muselo vzbudit hosty, dřímající po obědě ve svých pokojích (důstojníky na dovolené s manželkami, tajné kurýry nějakých říšských záležitostí, homosexuálního Španěla, který tu bydlel už půl roku a nikdo nevěděl proč, co tu dělá, čím se tu živí, koho tu špicluje); ztrácelo se dosud v hnědém přítmí schodiště a za mužovou lysou lebkou se objevila ženská hlava, šedivá, naondulovaná, dvě modré oči a veliký, baňatý nos; klaunská tvář, živoucí karikatura ženského obličeje na nafouklém ženském těle. Entschuldigen Sie, řekl jsem, ale muž s lysinou zamával rukama. Bitte, bitte. Vstoupil do pokoje. Žena s truchlivým obličejem klauna za ním. Měla na nohou vysoké šněrovací boty a na sobě prastarou tweedovou sukni, skotský vzorek, který opile zazářil v barokním žebroví prašných paprsků; a za nimi vešel ještě neuvěřitelnější člověk: skoro trpaslík; ne skoro; byl to trpaslík; sahal mi něco pod pás, byl menší než bassaxofon, který jsem stále držel zpříma, ohbím korpusu na prošlapaném koberci (teprve teď jsem si všiml, že na něm byl vytkán městský znak, český lev mezi dvěma věžemi; ale někdo hodil na lva doutník a lva provrtala černá, ohořelá dírka); neměl však trpasličí tvář; podobal se Caesarovi, sevřená ústa s tenkými rty, římský nos, plavá patka vlasů přes inteligentní čelo; a nebyla to zvětšená liliputánská hlava na scvrklém těle, s nímž si žlázy zahrály zlý a zlomyslný vabank: normální hlava hezkého muže na normální hrudi; přiříznutý Caesar, napadlo mi; kráčel jako kachna, a tu jsem si všiml, že je skutečně přiříznutý; od kolenou dolů; nohy neměl, a kráčel po těch kolenou, obalených špinavými hadry. A jako procesí duchů vešly do pokoje další přeludy: blondýna, velice hezká dívka (zprvu mi napadlo, není-li hezká jen v porovnání s baňatým nosem té druhé, ale nebyla; viděl jsem ji pak ze všech stran, vlasy jí splývaly po obou stranách úzkého, švédského obličeje jako zlomená labutí křídla) s velikýma šedivýma očima, podívala se na mě, na muže v posteli, na bassaxofon, sklopila oči, sepjala ruce před klínem, svěsila hlavu; plavé švédské kadeře zastřely obličej, jehož jako by se nikdy nedotkl úsměv; jako by byl z vosku; jako by celý život vyrůstala někde v temnotách protileteckého krytu, v přítmí uzavřených místností (bylo to možná jen nočňátko z Moabitu, tam z ní snad udělali tu svíci, předtím zářila jako Toulouse-Lautrec a hořela na obou koncích); stála přede mnou s rukama sepjatýma před klínem v šatech, které splynuly s béžovou září, takže jako by zůstala jenom hlava, dvě zlomená, nazlátle stříbrná labutí křídla, tvář barvy úbělu, slonové kosti, klaviatury nepoužívaného piana, a dvě šedivé oči, upřené na ohnisko žhnoucích paprsků, které se odrážely v klapkách bassaxofonu a slabě se chvěly poblíž lví tlapky na koberci. Průvod ještě nekončil: za dívkou vešel hrbáč, na nose brejle s černými skly, a s ním jednooký obr, který ho vedl za ruku. Hrbáč tápal volnou rukou v pletenci paprsků; vyrušil mouchu z umírání; zabzučela, oblétla několikrát tápající ruku a znaveně usedla na klapku bassaxofonu; zoufale zapádlovala nožičkama; uklouzla; zřítila se do obrovského korpusu; bassaxofon se rozezněl vyděšeným bzukotem; hrbáč se podobal slepé sově, na nožičkách tenkých jako slepičí běhy měl široké pumpky. Obrovskému muži čouhala zpod nohavice protéza. Železné nýty zajiskřily ve slunci, půlkruh přízraků se rozestavěl okolo mne. Lothar Kinze, pravil pohublý tlouštík s lysinou. Und sein Unterhaltungsorchester, dořekla ve mně asociace a mlčky, proti své vůli, jsem přejel tu partu očima panorámující kamery: šedivou ženu s tváří truchlivého klauna a s nosem jako masopustní žert; přiříznutého Caesara; dívku se švédskými vlasy; slepého hrbáče a obrovitého muže s protézou, který se zády opřel o skříň s andělíčky, až zapraštěla, a jeden andělíček se naklonil, drobná šupinka zlata se mu odloupla z kadeří a spadla do prořídlých zrzavých vlasů muže s protézou, šampióna (zdálo se mi) celého světa v americkém volném stylu; také moucha v korpusu přestala bzučet; bylo to koncem léta; babí léto; čas smrti všech much, a tahle téměř přežila svou dobu (ale aspoň zemřela v kovové trubici podobné chrá-

126

mu, zněly tam žbluňkavé kroky malého kněze, většině lidí se tenkrát tak nepodařilo zemřít); bylo ticho; to se mi jen zdá, zkusil jsem říct, ale nikdy jsem nevěřil na přeludy, na halucinace, na metapsychologické jevy, potvrzené kapacitami, vůbec na věci z hranic nadpřirozena; byl jsem naprostý realista; jakživ jsem neměl předtuchy; když umírala tetička, mladá, krásná žena, kterou jsem miloval tou intimní láskou příbuzného k příbuzné, k tomu skleníkovému květu pražských salónů (zemřela mladá sedmadvacet let), netušil jsem nic, žádnou extrasenzorickou telekomunikaci, žádnou telepatii; ani na zázraky jsem nevěřil, na média, tomu všemu jsem se posmíval, i zázračnému muži v sousedním městě, který měl řezbářskou dílnu a pomocí média pomáhal policii, ačkoliv město bylo plné svědků; byl jsem člověkem zcela jen tohoto světa a jediným mýtem mi byla hudba; a tak jsem věděl, že to není vidina ani přelud, halucinace, že je to parta, ne zlatá, chicagská, Eddie Condon and His Chicagoans, ale Lothar Kinze mit seinem Unterhaltungsorchester. Tě pic, řekl jsem si v duchu, a přišlo mi to najednou k smíchu, neboť člověk je bezcitný ke všemu, kromě sebe samého, a taky konvenční; každá odchylka od normy je impulzem k smíchu. Ale to jenom na okamžik; pohlédly na mne šedivé oči dívky, která jediná nebyla poznamenána, deformována (ne tělesně), a zase jsem nevěřil v telepatii, ale měl jsem pocit, že uhodla můj nevhodný smích; strašlivý pocit; v první chvíli jen nepříjemný, potom se rychlostí paprsku světla rozrostl, změnil v nesnesitelnou hanbu, jako kdybych na pohřbu vyprávěl sprostou anekdotu, spoléhaje na zpívající kněze, kteří mě přehluší, a oni najednou zmlkli a tichem roznesl vítr přes uschlou trávu, přes náhrobky a čerstvě vykopanou zemi nějaké obscénní, neuvěřitelně nevhodné slovo namísto modlitby (*Kdybys měl nepravosti vážit, Hospodine, kdo by obstál?*); a také to rozhodlo; to a bassaxofon, který jsem stále držel v ruce jako biskup briliantovou berlu. Möchten Sie's probieren? pravil muž s rudou lysinou; teprv teď jsem si uvědomil, co mi připomíná: opici s červenou tváří, megana; jako by měl obličej sežehlý plamenometem (měl). Usmál se; odhalil úsměvem chrup; a zase to nebyla halucinace, ale skutečnost: jako by prošel rukama nějakého gestapáka, obdařeného zvráceným smyslem pro humor: chyběla mu polovina zubů, ale ne v jedné čelisti, nebo nepravidelně v obou dásních; měl ústa jako velryba piány; zub a mezera, zub a mezera, a v horní čelisti stejně, jenom obráceně (mezera, zub, mezera, zub), takže ty čelisti když je stiskl (smál se se stisknutými zuby) tvořily absurdní šachovnici. Pojďte, řekl. Půjdeme na jeviště. Tam si to můžete zkusit. Klingt es nicht schön? Ja, řekl jsem. Wie eine Glocke. Sehr traurig. Na, kommen Sie, řekl muž. Das Instrument nehmen Sie mit. Ich trage den Koffer.

A tak jsem vzal bassaxofon do náruče a vykročil ke dveřím. Tohle už není z donucení, řekl mi v hlavě něčí studený, vlastenecký hlas. A co má bejt? řekl jsem vzpurně. Osamělý feldvébl na břehu Ledhuje - a kdo nutil moji sestru, aby ho odmítala? Třeba právě on mohl být tím dobrým manželem krátkého manželství jejího života (nikdy ho nenašla; chudák sestřička; zemřela na rakovinu, nebylo jí ani třicet); psal aspoň básně do modrého notýsku, a kdo z těch českých tennisových mládenců okolo sestřičky je aspoň četl? Ale stejně se asi vůbec nevrátil; bylo to tu zimu před Stalingradem; modrý sešitek zapadl někde do sněhu na březích Volhy, a když přišlo jaro a ohořelé, oprýskané tanky armády Tolbuchina hnaly Němce spálenou stepí na západ a zbytky té nesmyslné, vrahounské, šílené, hrdinné posádky vrávoraly stepí na východ, a tak se pás bezpečí kolem tragické řeky pomalu roztahoval (a začali v něm vládnout zlověstní muži toho druhého nepřítele), sněhy roztály, modrý sešitek jimi klesal k zemi, sklouzl do řeky, řeka ho odplavila do moře, rozpustil se, proměnil se v nic, zůstal z něho jenom ten veršík v mé hlavě: *in meinem Kopfe kalte Winde wehen,* ta ozvěna Rilka (feldvébl to možná ani netušil). Takže co má bejt? řekl jsem a kráčel jsem s bassaxofonem jako s přerostlým dítětem v náručí hnědým přísvětlím hotelové chodby, vedle mě z jedné strany muž s čelistmi jako šachovnice, z druhé žena s tváří smutného klauna a před námi opět děda v dřevěných šatech, drhl chromou nohou o kokosový koberec a já, už zase dospělý, horečně spřádal osnovu obhajoby.

A byl jsem osmnáctiletý, zamindrákovaný, nešťastný mladík, žádný mudrc, Jenom jsem cítil, nevěděl jsem. Ty pojmy tenkrát ještě ani neexistovaly (není Němec jako Němec): kolektivní vina. Ani potom jsem nikdy nevěřil v něco takového (a Bože, jak bych mohl, když nevěřím ani na individuální vinu? Jak se to srovnává s křesťanstvím? Anebo s marxismem? Vždyť člověku není dána svoboda, ale nesvoboda. Stačilo přece, aby moje matka, na nějakém z těch nedělních výletů do Bad Kudowa opustila otce / byli teprve zasnoubeni/ a vzala si majitele restaurace, který se tam do ní zamiloval a ještě dlouho po svatbě jí posílal dopisy, a ještě mně, dítěti, perníkové medvědy, než se také oženil; byl bych se narodil Němcem, a protože jsem mužského pohlaví, zdravý, silný, urostlý, stal bych se patrně mužem zbraní SS); věděl jsem jenom, že za podzimních večerů přicházeli do Port Arthuru dva vojáci, sedali v rohu pod portrétem presidenta Háchy a poslouchali; hráli jsme Ellingtona, Basieho, Luncefordova aranžmá, swingovali jsem jako ďáblem posedlí, Port Arthur zněl jako obrovská Victrola do zatemněné protektorátní noci v městečku, a kolem saxofonů jsme pošilhávali po těch dvou mužích v uniformách nacistické Luftwaffe; po válce stal se legendou Schulz -Koehn, který (německý okupační důstojník v Paříži) schovával ve svém bytě černošského uprchlého zajatce, a ten, ve stínu německého oberkomanda, sestavoval tam s Charlesem Delaunayem Hot Discography; ale Schulz-Koehn nebyl sám; ti dva se také jednou osmělili, z pod vojenských blůz vytáhli noty, dixielandové aranžmá Liza Likes Nobody a Darktown Strutters' Ball (ukořistili je v Holandsku, výměnou za Hendersonova aranžmá, která jim dovolil opsat nějaký band v Athénách) a dovolili nám si je opsat výměnou za opsání našich Ellingtonů. Pak také zmizeli; také patrně do východních stepí; neměli to štěstí jako Schulz-Koehn; ale předtím křižovali Evropu jako posedlí věrozvěstové víry bez ideologie (vlastně: rušící ideologie); jako novodobí mnichové-písaři jakéhosi kláštera na pochodu, rozmnožujíce tajné manuskripty (v Offizierschule - to je neuvěřitelné, ale co může být vlastně ještě neuvěřitelné po tom, co se stalo - měli kapelu; jeden z nich byl kapitán a druhý nadporučík, a hráli Chick Webba; swingovali; ne na veřejnosti, pro veřejnost měli připraveného Kreudera; pro sebe; ta představa: němečtí kadeti v nacistické Offizierschule imitují hrbatého černého drummera; tedy nejen v koncentráku, nejen v židovském městě Terezíně, i v Offizierschule. Bylo to prostě všude, ta sladká nemoc; nakazila by nakonec všechny; snad kdyby válka byla skončila špatně, nakazila by ta nemoc nakonec vítěze a konečně - i když po dlouhých letech, možná staletích - by je také proměnila v lidi); pak si s námi také zahráli, jeden klavír, druhý buben, ale ještě než odjeli na Východ, provedli zlou věc (*všechno mohlo - může - být zločin*); Lexovi se to nikdy nepodařilo vysvětlit, takže ho nakonec pomlouvali místo soucitu (myslím naši lidé, tzv. naši lidé): zastřelili mu za heydrichiády otce, a druhý den po tom, co stálo jméno v novinách (*pro schvalování atentátu na zastupujícího říšského protektora Reinharda Heydricha byli zastřeleni*), potkali ho ti dva na náměstí, tam, co mě pozoroval pan Káňa, a předtím pan Vladyka, a vyjádřili mu neobratně soustrast, potřásli mu pravicí;

to už nikdy neodčinil (*táta mu ještě nevychlad, a on se veřejně baví s Němcema, jenom proto, že choděj poslouchat to jejich bláznivý vrzání*); to už Lexa v životě neodčinil.

Kráčel jsem s bassaxofonem v náručí zadním schodištěm k divadelnímu sálu. Hnědé přísvětlí se změnilo v kalné šero elektrických lamp. Po točitém železném schodišti sestupoval průvod těžce; na šedivých stěnách šachty kráčela s námi stínohra, perzifláž Disneyova filmu, ne Lothar Kinze, ale Sněhurka a sedm trpaslíků (žena s obličejem tragického klauna byla Sneezy; její nepředstavitelný nos, tuřín, čtvrtkilový nos zvětšoval stín do dimenzí zcela neskutečných, zato Sněhurka byla stejně neskutečně štíhlá a dvě zástěny vlasů připomínaly v stínovém obraze ještě víc zlomená křídla - ve stínu černé - labutě). A průvod šel mlčky, provázen pouze zvuky odchylnosti, nemoci, patologie; dřevěnou harmónií války; skřípěním protéz a reumatických kloubů, chrčivým brumendem průdušek, které vydržely počasí, na jaké příroda zařídila metabolismus polárních lišek a tučňáků, ne lidí. Jenže lidé vydrží téměř všecko, ale téměř všecko je poznamená, téměř všecko je přibližuje smrti. Rytmus nám udávala noha dřevěného dědy, bušící bezvládně o schody; jako tamtam, a turecký buben obrovy protézy. V průhledu mezi provazy objevila se pak temná prostora a v ní půlkruh na jevišti, vydělený z ní zaprášeným kuželem světla, v něm pět pultků okolo piana, postříbřených cirkusovým brilantováním s velikými, ozdobnými, zlatými iniciálami L.K. Lothar Kinze mit seinem Unterhaltungsorchester. Vešli jsme na jeviště a já se zastavil s bassaxofonem v náručí přímo pod chladným reflektorem, který na mě zářil odněkud seshora z provaziště.

Seskupili se kolem mne; poslední přišel přiříznutý Caesar; dívka se švédskými vlasy se usmála, Lothar Kinze (byl to on, muž s rudou lysinou a zuby jako šachovnice) na mě pohlédl; uvědomil jsem si, že je to stejný pohled jako pohled dědy v dřevěných šatech před hotelem: pohled nevyřešeného problému. Ale jakého? Proč? K čemu to všechno? Slepý hrbáček v nadmutých pumpkách pozdvihl bledý obličej k zaprášenému světlu v provaziští; obličej zazářil svítivou bělobou prázdné plochy na černém dřevorytu; maska dlouhého, navyklého utrpení, ne už muk, ale permanentní tísně existence, zbavené téměř všech radostí, téměř jakéhokoliv smyslu, v bělobě zela černá skla brýlí jako uhelné kaverny; proč? K čemu?

Ja, řekl jsem a postavil jsem bassaxofon ohbím korpusu na prkennou podlahu. Za kuželem světla visela naprostá jevištní tma; bůhví kdo nás mohl z té tmy pozorovat; plný sál obecenstva (chovajícího se naprosto tiše a snad jsme byli kabaretní výstup, ne skutečnost ani halucinace; prehistorický Spike Jones ve světě bez humoru; exponát z živého panoptika voskových figur), nebo jediný špiónek, pan Káňa nebo jeho osobní špión, který to všechno vynese ven, do denního světa Kostelce, jenomže tohle panu Káňovi nevyjde, protože tomuhle Kostelec neuvěří; v Kostelci ctí rozum, ne fantasmagorii; je tam taková fráze, trademark rozumnosti: *v Kostelci se to nelíbilo, v Kostelci tomu lidé nevěří, v Kostelci to obecenstvo odsoudilo,* dá se tím vyřídit mínění celého světa a kohokoliv (dodnes ji slyším užívat, z úst své tety: o koncertu Komorní harmonie, o výstavě abstraktních malířů, o Ginsbergovi; a už tehdy to byla prastará fráze); je to město rozumných lidí; má respekt ke každé slávě, ale její nositele, ve vší uctivosti a tajně, ne jim do očí, pokládá za blázny: tedy za lidi poněkud podřadné, i když v celostátním měřítku plnící jistou užitečnou funkci vůči Kostelci, středu světa (dodávat lesk koncertům Kosteleckého spolku pro komorní hudbu, být vizitkou kulturnosti státu, a tedy i Kostelce, neboť stát existuje samozřejmě pro Kostelec). Zde se rozumní nezabývají pošetilostmi, jako je surrealismus nebo komplex méněcennosti, nepochopitelnými (jen bláznům pochopitelnými) problémy, jako je asonance, vnitřní organizace obrazu na rozdíl od organizace vnější reality. Všechno existuje kvůli této oáze rozumnosti, kvůli tomuto pozlacenému pupku světa; ale většinou jen proto, aby měl o čem mluvit: rozvody hereček, skandály básníků, barové flámování - *to v Kostelci lidé nedělají* - byl jsem proto klidný; pan Káňa tu může mít špiónka; Lothar Kinze und sein Unterhaltungsorchester, barokní, breughelovský detail z inferna, je mimo zařaditelnost do souřadnic Kostelce, a také bassaxofon (teta: *K čemu, prosím tě, takový nástroj? Bedřich Smetana má takové krásné skladby, a nepotřeboval žádný bassaxofon*); a tedy ani já v objetí Lothara Kinzeho. Vlastně nepotřebuju apologii *pro Lothar Kinze.*

Ale tedy proč? Lothar Kinze spěšně přistoupil k jednomu z pultků, zezadu na něm šaty visely, jako by byly schválně ušity na člověka téměř dvakrát tlustšího; také jako august, jako frattelini, u něhož to, co vypadá na svrchník, má být vlastně sako; potom se ke mně obrátil, usmál se. Kommen Sie her. Da haben Sie Noten. Spielen Sie. Zdvihl jsem bassaxofon; v bílém, zaprášeném světle duhově zazářil; zdálo se mi, že všichni vzdychli, jako by spatřili nějaký posvátný bohoslužebný předmět; a pak jsem to pochopil: byl rovněž osleplý, vyleptaný časem, slinami, měděnkou, špatným zacházením, podobal se (strukturou své stříbřitosti, své stříbrobílé matnosti) zašlé kropence, jakou starý venkovský kněz v nějaké ateistické zemi používá při pohřebním rituálu a která v žlutém světle chudých svící také tak matně, vyleptaně jiskří (*ale protože Jsi milosrdný, hojné u Tebe je odpuštění*). Lothar Kinze mi podal list; byl to bassaxofonový part nějaké skladby, která se původně jmenovala *Der Bär, ein Charakterstück für Bass - Saxophone und Orchester,* ale něčí ruka přeškrtla titul a vybledlým, náhražkovým, zhnědlým válečným inkoustem nadepsala *Der Elefant.* Přejel jsem očima notovou osnovu; valčík; v a-moll; velice lehoučká záležitost, položená na efekt hlubokých tónů; vůbec ne to, co bych toužil zahrát na tenhle saxofon, žádný Rollini, ale přesně to, co jsem byl perfektně s to zahrát z listu. Ale zase: Proč?

Sie meinen, řekl jsem, eine Jam-Session? otázal jsem se Lothara Kinzeho. Lothar Kinze na mě hleděl, v očích jsem nečetl porozumění; obrátil se na svůj orchestr; ale stáli mlčky; děda v dřevěných šatech, s jedním okem hluboko dole na tváři, někde v ústí Eustachovy trubice, žena s obličejem smutného klauna, ano, celý ten katalog smutku, trosek, cárů, obr s protézou, slepý hrbáček, dívka se zlomenými křídly bílé labutě (stíny se teď scvrkly v pouhé černé loužičky přímo pod námi), přiříznutý Caesar: a právě ten rozuměl: Ja, řekl, wenn Sie wollen. Aber können Sie Noten lesen? Promluvil jasně; také hlas měl zcela normální, inteligentní, klidný (o to víc utrpení muselo být v duši toho přiříznutého těla; že byla úplná, ne umenšená debilitou, nebo aspoň malou inteligencí, nebo opatřená hroší kůží nepaměti, jakou musejí mít duše achondroplazických liliputánů). Ja, Noten lesen, das schon, řekl jsem. Aber ich hab nie ein Bassaxophone gespielt. Der - der - nátisk, chtěl jsem říct, němčina mě opustila. Ale Lothar Kinze pokynul, pohlédl jsem ještě jednou na bassaxofon, položil jsem prsty levice na klapky. Sedl jsem si, a tu breughelovský detail podivuhodně ožil: odkudsi (ne odkudsi, ležely na pianě) vytáhl Lothar Kinze housle, přiříznutý Caesar se obratně vyhoupl na židli vedle mne a v rukou se mu zaleskla trumpeta; obr dovedl slepého hrbáčka k bubnům; jen do jejich blízkosti; mužík v pumpkách jako by ucítil, zavětřil kůži bubnů, dohmátl rukou na šedivé kravské zvonce, výraz trýznivé tísně na bílé tváři vystřídalo něco, co bylo téměř štěstí; jako by viděl, propletl se mezi sloupky s činely a balónové pumpky se ztratily za velkým bubnem; obratné, nervózní prsty našly paličky, byl připraven; zaduněl obrův poloviční krok, obr přešel ke krajnímu pultku, kde ležel bandoneon a knoflíková harmonika, a připoutal se do ní (začínali jsme jí už pohrdat, Kamil Běhounek na ni sice swingoval, ale žádného černocha jsme neznali, ani Ellington, ani Lunceford, ani Kirk, ani Webb, ani Basie neměli harmoniku); veliká žena se čtvrtkilovým nosem usedla za piano; ano, na ten gigantický frňák si nasadila skutečný skřipec (tím spíš nějaký prespikeovský urspikejones, tím spíš tomu nikdo neuvěří, pustil jsem z hlavy myšlenky na apologii kolaborantského jazzového Sokrata, mě samého) na černé šňůrce, jejíž konce si upevnila za ucho; nyní začala připomínat obrovské maškarní nosy z papírmaše, opatřené cvikry, které se upevňují gumičkou kolem hlavy. Navlhčil jsem plátek - všichni zase ztichli; zadul jsem zkusmo do saxofonu: mohutné, bolestné zařvání mě samého překvapilo; rozlehlo se prázdným sálem za hranicí světla, tím skalním bludištěm dřeva a plyše, prachu a hladových myší a sytých blech, napitých českou i německou krví, úplně nestranně; ano, hlas umírajícího gorilího samce, který bojoval, zvítězil a musí zemřít. Přehrál jsem stupnici, nahoru, dolů; noty se mi špatně vázaly, ale nátisk šel; ale zato ty zalykavé, nedodýchnuté spoje jako by v sobě měly něco z charakteru chicagské školy (snad něco z toho charakteru způsobilo nedokonalé zvládnutí starých, antikvárních nástrojů těmi mladými muzikanty, také - patrně - v pumpkách jako slepý drummer). Gut, řekl jsem pevně, Lothar Kinze zaťukal šmytcem na housle, vložil je pod bradu, provedl tělem, od pasu vzhůru houpavý, valčíkový pohyb, symbol tříčtvrtečního taktu, a spustili jsme.

Snad je to přece jen přelud, vidění, chiméra akustické kategorie; kdyby se čas skládal z průhledných kostek jako kosmická dětská skládačka, řekl bych, že uprostřed obrazu vyňal někdo krychličku z toho poklidného, nikdy ničím nepřekvapujícího znázornění Kostelce - nějaký mastermind, nějaká oversoul - a zlomyslně místo ní zasadil malé průhledné akvárium s kapelou Spike Jonesa: opravdu to byl Jones: v dvanáctitaktové úvodní pauze jsem měl dost času, abych v půl tuctu kulatých zrcátek na těle bassaxofonu spatřil zábavní orchestr Lothara Kinzeho při práci. A také jsem měl uši. Hrbáček (tvářil se, jako by cítil vůni nektaru nebo vepřové pečeně na jablkách či co v Bavorsku zastupuje nektar; snad sladké pivo) bubnoval do šramlu: jako stroj; byl možná skutečně na péro, téměř se vyrovnal nějakému naprosto mechanickému bubnovacímu zařízení, protože bubnoval paličkami na snaredrum bez invence, bez fantazie, zcela nezastavitelně, negradovatelně um-papa, um-papa; nehýbal se, kostlivé ručičky jako by byly přidělány na trupu bakelitového manekýna s výrazem téměř optimistického štěstí na strnulé tváři: hýbaly se jenom kostlivé ručičky (a noha v pumpce na pedálu velkého bubnu, ale tu jsem neviděl: um - -, um - -) a ručička: - papa, - papa (jednou, buď ve snu nebo ve velmi raném mládí jsem viděl orchestrión: tam mechanický anděl obsluhoval se zcela podobnou hudební inteligencí kompletní, skutečný šlágwerk); a pod zdviženou černou perutí piana žena s tváří truchlivého klauna, hlavou dolů a hlavou šikmo nahoru, veliký nosan jako by posunoval těžkopádný rytmus mechanického valčíku vždycky o takt dál, očka po obou stranách masopustního žertíku sledující pečlivě prsty levice i pravice; jako třetiřadá učitelka klavíru z nějakého podalpského Kocourkova; bez přehmatu a také bez invence; do toho výkonu (do takových klavírních stylů) je také zaklet neuskutečněný a naprosto bláhový sen; na konzervatoři, kde z dvanácti studoven zní dvanáct klavírů dvanácti Czerného etudami kvete dvanáct snů (bláhových jako všechny sny, nikdo si neuvědomuje, že sny skutečně umírají uskutečněním, a to znamená umírají: skutečnost opravdu *není* sen); sny o Steinwayích, richtěrovské sny; potom cesta (dnes umístěnka, dříve prostě místo) do nějakého Kostelce: nejprve veliký úspěch s místní filharmonií nebo studentským orchestrem, nějaká ta mondšajnsonáta, nějaké ty Slovanské tance, potom se začne střádat rok k roku, a v nich měsíce a týdny a každý den čtyři pět holčiček z dobrých rodin a sem tam synáček z dobré rodiny, která si vzala do hlavy bonton hudebního vzdělání: čtyři pět hodin dozoru nad prsty, které se nemohou přesně strefit, nad akordy, v nichž zaznívají cizí, fantastické tóny (prst omylem stiskl dvě klávesy najednou), a třicet let takového dozoru, sen zdřevění, zkamení, zmizí vláčný pohyb duše a nervů a líbezně nahé paže čtyřiadvaceti let, proudění not prsty do mozku a uší a zpět ke klávesám a ke strunám, z kterých se potom hudba line, vzkvétá, zvoní a zpívá; zbude jen dozor nad

139

prsty, přísné, perfektní, strojové um papa, um papa v levé a plechová, neosobní melodie v pravé; dokonalý, odosobněný výkon dokonalého idealizovaného žáka, žáka tím třicetiletým dozorem nad prsty ztělesněného v učiteli: a to je druhý, horší konec snů, většiny snů: končí neuskutečněním; na tom strašném odpadlišti venkovských měst, kde čas pomalu vysává měkkost z mladých těl a kůra rezignace obrůstá duši; kde se nakonec přizpůsobí Kostelci, přijmou jeho univerzální postavení, už nikdy se nepokusí o to jediné zoufalé (a marné) východisko člověka, alespoň protestovat, alespoň provokovat, když už nelze zvítězit (a to nelze, nikdy, nedejte si nic nalhávat od básníků, je to všechno jenom čekání na porážku, a to ještě spíš ve významu jatečním než bitevním). Tak také hrála, forte, bez citu, s pedantskou přesností, každý bas seděl, ale taky bolel: a nos postrkoval takty dopředu a v nich se třepotal přiříznutý Caesar nezvládnutelným vibratem, cirkusově citový, jenom přibližně v tónině; a zavilý, zamračený obr, jemuž harmonika zněla jako flašinet (bůhví, jak to dokázal; tiskl ji zřejmě nesmírnou silou a veliké prsty se namáhavě vyhýbaly špatným knoflíkům). Lothar Kinze hrál čelem k orchestru; v bílém světle z provaziště bylo vidět, že se mu ze strun sype kalafuna a houpavé pohyby trupu zviřují vzduch a kalafuna tančí v sotva znatelných, říďounkých vlnách pryč do tmy; jako všichni hrál forte, v nesmírně tklivých dvojhmatech; scházela jenom stařena s harfou a cinkot mincí o dláždění na dvorku (ale i to dodali: hrbáček zacinkal na triangl); zavřel jsem oči; to celé znělo skutečně jako paranoický orchestrion; nejenom buben, nejenom klavír; celek: dokonalejší Spike Jones; potom dvanáctý takt, a snad to bylo hypnózou té neuvěřitelné melanže těch pěti dervišů (dívka se švédskými vlasy nehrála na nic; byla to - zjistil jsem později - zpěvačka; a dřevěný děda byl prostě knecht), když jsem znovu foukl do bassaxofonu, zazněl také jako karikatura; jako by někdo vyrobil gigantickou a tónově ovladatelnou automobilovou houkačku; nezápasil jsem s notami, noty byly směšně lehké (byli jsme všichni dobře vytrénováni na zásecích synkop v luncefordovských sax. tutti), ale zápasil jsem se smíchem: smějící se slon. Opravdu spíš slon (sloní troubení, wie sich es der kleine Moritz vorstellt) než medvěd (U večeře mi potom Lothar Kinze řekl, že důvody k změně názvu toho valčíku nepramenily z tónového charakteru nástroje; byly ideologické; bylo to po bitvě před Moskvou). A přece to byl požitek; i na ten smích jsem zapomněl: nemá-li člověk příliš velký talent a příliš dobrý sluch, je to vždycky požitek hrát, zejména ne sám, alespoň čtyřručně na klavír, natož v kapele. Hrál jsem na bassaxofon prvně v životě (a naposled; pak už navždycky zmizel, už neexistuje); mělo to docela jiný nátisk než můj tenor, ale sotva jsem ucítil, že mě to nesmírné, pochromované pákoví poslouchá, že jsem s to vyloudit z té mamutí dýmky melodii, sice jednoduchou, ale rozeznatelnou, že ten hřímavý tón kontrabasového cella poslouchá pohyb mých prstů a nápory mého dechu, byl jsem šťastný. Nesmyslné štěstí hudby mě zalilo jako zlatá lázeň; nezávisí nikdy na objektivním, ale na subjektivním, souvisí snad nejhlouběji s lidskostí, protože je skutečně zcela nesmyslné: pracná, důmyslný um a dlouholetou práci vyžadující výroba jakýchsi nesmyslných zvuků, které nejsou k ničemu, které se nedají vysvětlit žádným rozumným účelem (teta: *on to byl takový vagabund, muzikant, hrál po barech, po tancovačkách a i doma třískal celý dni do piana. V Kostelci se s ním žádný slušný člověk nezastavil).* Tak jsem hrál s Lotharem Kinzem a jeho zábavním orchestrem, stejně falešně, se stejně tklivým, citovým vibratem, součástka toho rozviklaného lidského orchestrionu, jehož produkce jako by byla vlastně hlasitým protestem proti valčíku, proti hudbě vůbec (lkal, tak strašně lkal, ten orchestr, to jsem ještě nechápal tu disharmonii, to vibrato rozechvělé až k vykolejení), až skladba *Der Elefant* skončila.

Sehr gut! Sehr gut! zvolal Lothar Kinze, nejistě pohlédl na ženu za klavírem, na dívku se švédskými vlasy. Und jetzt, bitte, pohlédl na mě, na stojánku vedle vás stojí altsaxofon. Kdybyste ráčil - zahrajeme si ještě skladbu Gib mir dein Herz, O Maria! Bitte. Mechanicky jsem sáhl po altce, opatrně jsem položil bassaxofon na zem. Jak jsem se sehnul, napadlo mi znovu proč? Proč tenhle podvečerní soukromý koncert v prázdném divadle? Touží snad Lothar Kinze, a nejen on, celá jeho šumařinka po muzicírování zdarma? Odpověď jsem odložil. Přehráli jsme to tango. Lotharu Kinzemu se opět podařilo dostat z ensemblu ten nenapodobitelný zvuk vesnického šramlu, lkavé volání, jež se ozývá z hospod kolem sobotní půlnoci, vylévá se spolu s kalným světlem na náves, páchnoucí hnojem, to dotěrné hrdelní, slzavé lkaní křídlovky a klarinetu; přizpůsobení bylo ještě dokonalejší, protože altku jsem bezpečně ovládal. Jenom požitek ze hry se zmenšil. Nebyl to bassaxofon a nepřehlušil vzpínající se tázavý hlásek záhady, otázky: Proč? Nejsem přece šílenec, musím se zeptat, nemohu tu sedět hodinu, pět hodin, snad do rána, připojovat altový nebo basový hlas k té kvílivé disharmonické nehoráznosti Lothara Kinzeho, a pak se ráno jít utopit do Ledhuje (jako můj strýc, který se životu vyhnul v septimě nad matematickou rovnicí: řešil ji celý den, celou noc, teta si myslela, že dávno spí, ale ráno ho našli nad tou nerozřešenou rovnicí oběšeného; a v naší rodině nikdy nebyla sebevražedná anamnéza, někdo však patrně musí začít, a třeba právě tak, jak *to v Kostelci lidé nedělají*). Takže tu otázku jsem položit musel.

Es war sehr schön, danke, řekl jsem. Bitte, pravil Lothar Kinze. Ich wollte eigentlich - odmlčel se. Z očí mu hleděl ten problém. Odpověď na moji otázku. Ich muss jetzt schon aber wirklich gehen. Wohin? vylétlo z Lothara Kinzeho. Kam? Domů, řekl jsem. Už tam na mě budou čekat. Können Sie nicht telephonieren? To - bych mohl, řekl jsem. K sousedům. Machen Sie es, bitte, pravil úpěnlivě Lothar Kinze.

A tu jsem se zeptal: Warum? a zdálo se mi, že rudou, opičí lysinu Lothara Kinzeho pokryl pot. Téměř nešťastně pohlédl na obra s harmonikou, na přiříznutého Caesara; od nich se nedočkal pomoci.

Slepce vynechal. Na dívku; na ženu s velikým nosem. Ta si odkašlala, otočila ho na mě (nos); vyrudlá očička u jeho kořene; znovu si odkašlala, řekla (jako když vržou nové boty): Wir brauchen Sie.

Snad bylo v tom okamžiku ticho tak hrobové, anebo vložila do těch tří slov odpověď tak naléhavou, ne výslovnou, ale tu hlubší, tu, která je v intonaci (skutečné významy slov jsou přece vždycky teprve v intonaci); slova se rozlehla po temnotách za světelným kuželem: WIR BRAUCHEN SIE! zoufale, úpěnlivě, jako by mě zapřísahala - a přece to řekla tiše, hlasem nezvýšeným, mimovolné SOS duše, proti němuž se prostě nedají vznášet námitky - smutně, zoufale: tak volaly dušičky pod hastrmanovým hrncem na Apolenku v pohádce (a pak děkovaly, když je odklopila; jenomže ji samou, Apolenku, proměnil za to hastrman v dušičku). Wir brauchen Sie. Otočil jsem se na Lothara Kinzeho; drbal se šmytcem na lýtku, ja, řekl, wir brauchen Sie. Für heute Abend. Aber! vykřikl jsem rychle, protože to - nesmysl! Nesmysl! Tady, teď, to ještě ano. Tomuhle Kostelec neuvěří; podvečerní jam-session v panoptiku liduprázdného divadla - ale ne večer! Večer ne! Večer tu bude Herr Zeeh, Herr Pellotza -Nikschitsch, bůhvíjaké německočeské dámy, možná i pan Čtvrtek, Cztvrtek, kolaborant, možná několik fízlů pana Káni: ne, ne, ne: panna zavřela oči. Hlas rozumu se vzepjal k hlasitému zařvání: NE! A pak: bude tu Horst Hermann Kühl, a ten mě zná. Vyvede mě osobně z jeviště. NE! Wir brauchen Sie, znova: jako to řekla žena s obličejem truchlivého klauna, jenže v jiné poloze, mezzosopránově, v líbeznější, šalmajové poloze; vzhlédl jsem. Byla to dívka s vlasy jako zlomená labutí křídla. Wir brauchen Sie, opakovala. Wenn Sie heute Abend nicht spielen, dann - a zase ta intonace, pauza tak prázdná, že se do ní vejde význam celých vět a dlouhého vysvětlování. A stejná, desperátní prosba i v šedivých, moabitských očích. Další warum? už jsem neřekl. Bylo mi šestnáct, sedmnáct, pak už jsem v životě nikdy nebyl ušlechtilý, dělal jsem, že neslyším intonace. Uvěřil jsem a neptal jsem se: že mají důvod. Souvisí - neptal jsem se, ale odvíjela se ve mně mlčenlivá postranní asociace - s tím mužem nahoře v béžovém pokoji, s tím trčícím, neoholeným skaliskem brady? Nepochybně. To on je bassaxofonista. Ale proč ten tragický tón? Hráli by bez něho. Nebo by koncert odložili. Takové věci se přece stávají, zejména ve válce: vis maior. Bůhví jaké zranění, válečná nemoc sklátila tu zarostlou horu na béžové lůžko. Aber ich könnte erkannt werden, řekl jsem Lotharu Kinzemu. Mě tu lidi znají. A kdyby mě viděli - kdyby se rozkřiklo, chtěl jsem říct, že jsem hrál s německou kapelou pro Němce - ale něco mi položilo ruku na ústa: snad stud: nebo mě odzbrojili oni: že tak samozřejmě chtěli, abych s nima hrál, oni, Němci, pro ně to snad spíš představovalo jisté nebezpečí (styk s nižší rasou, anebo se to týkalo jen pohlavních styků? Těch jistě). Ne. Ne nebezpečí. V německých kapelách hrály celé party Čechů (Chrpa, trombonista; ten tam zahynul), ale to že mě *žádali*; že mě ta stará bavorácká horalka ve šněrovacích botách *prosila*:

Wir brauchen Sie!, že mě *nenutili,* nevydali *rozkaz;* že mi prostě *nenařídili;* zahanbovalo mě to, když jsem chtěl říct, že se bojím hrát s německou kapelou, protože mě tu znají - taková samozřejmost (Ale co je vlastně samozřejmost? Napadlo by někoho v letech té války, kdy koncentráky polykaly tak nestranně židovské továrníky a komunisty, pupkaté sokolské domácí pány a tuberácké tkalce od Mautnerů a kdy lidé ztišovali hlas, protože Nepřítel naslouchal a anekdota mohla stát krk, že uplyne několik let a zase budou pracovat pod zemí, tentokrát na uranu, ačkoliv v zemi už nebude žádný Nepřítel, co je vůbec na světě samozřejmé, jisté, absolutní?); nedořekl jsem to tedy. Lothar Kinze byl třeba neinformovaný, snad táhl s tou svou strašidelnou partou dosud jen končinami staré říše a tohle bylo jeho první vystoupení v protektorátě, řekl: Von wem sollten sie erkannt werden? Vom Herrn Kühl, řekl jsem první, nejnebezpečnější jméno, které mě napadlo. Er hat mich nicht gern.

To už jsem ani nemusel dodávat. Zase si vyměnili pohledy, žena za piánem si odkašlala. Proč taková tragédie? Hráli by bez něho. Do asociace mi přeskočilo to jméno: Horst Hermann Kühl. S ním zazněl vzteklý, výhružný hlásek za tapetami. Tak proto? Proto? Ale proč, proto? Wir, pravila žena s tváří truchlivého klauna, odkašlala si, wir könnten Sie irgendwie maskieren. Ja, řekl Lothar Kinze. Das könnte sein. Dinge dazu haben wir. Podíval se na mě. Wenn Sie bereit sind...Pauza, v ní úzkost, pod úzkostí z problému, který se musí vyřešit, jinak -

Bitte, zazněl hlas z Moabitu, bitte, wir brauchen Sie wirklich, řekla dívka se švédskými vlasy. Rozhlédl jsem se. Hleděli na mě všichni - i slepcovy černé brýle zrcadlily saxofon, který jsem dosud držel v ruce. V korpusu bassaxofonu, ležícího na zemi, naposled vzlykla umírající moucha. V nose jsem ucítil pradávnou, slabou, zoufalou školní vůni kalafuny. Na gut, řekl jsem. Ich werde telefonieren gehen.

Něco jsem si vymyslel, vrátil jsem se. Za hodinu jsme přehráli celý repertoár Lothara Kinzeho: ubožáckou směs valčíků, tang a foxtrotů, které jsou k nepoznání od polky nebo kvapíku nebo vůbec jakékoliv skladby sudého taktu; bez problémů; bylo nepochopitelné (nebo to snad patřilo do zákonitosti chiméry, fata morgany), že s tímhle ranečkem ozpívaných odrhovaček, melodií obehraných k nepoužitelnosti a harmonií podobných si navzájem jako fráze frázi, a jako jejich hra, bez jediného nápadu, inspirace, bez ozvláštnění, projel Lothar Kinze (soudě podle hotelových nálepek na harmonikářově kufru) téměř celou Evropu; snad jezdili původně s nějakým bankrotářským cirkusem, který pak shořel někde poblíž fronty nebo po partyzánském zásahu, anebo jediný lev sežral jediného medvěda nebo jedinou krasojezdkyni a nebylo už co předvádět ani vděčnému a nenáročnému válečnému obecenstvu; a tak se osamostatnili, až na zděděný repertoár (byla v něm dokonce i *Cikánka - Die schöne Zigeunerin* - a teskný, krásný šlágr mládí mé matky: Jak bubliny vzhůru letí, tak všechno letí bůhví kam, po čem kdo v snách, ruku svoji vztáh - taky náš band to hrál, jenže zeswingovaně), a táhli od města k městu, vesničkami, jakýmsi podivným ústraním války a obšťastňovali die Deutschen Gemeinden v dalekých a periferních zamích okupace; snad to také byla forma žebroty; snad opravdu patřili spíš na dvorečky, ale německé Gemeinden měly k dispozici nejlepší secesní sály ve všech srbských, polských, makedonských a ukrajinských městečkách, jako byl náš v Kostelci (s lunetami podle původních návrhů mistra Mikoláše Alše), a tak měl šraml Lothara Kinzeho také k dispozici nejlepší sály městských divadel; ze záplatovaného stanu zkomírajícího, podvodnického válečného cirkusu do pozlacené nádhery pseudokorynthských hlavic a baňatých mramorových ňader muchovských karyatyd (to ovšem byl šťastný osud veškeré čtvrtořadosti v Třetí říši a ve všech říších čtvrtořadosti). Dívka nezpívala, s tím jsme se nezdržovali. Jenom jsem dokazoval, že to zvládnu; za hodinu jsme už zase seděli v hotelovém pokoji (ne v tom, kde trčel bassaxofonista bradou vzhůru, v jiném) u večeře. Přinesli ji zdola z hotelové kuchyně, ve velké otlučené kameninové míse, nějaký eintopf; tuřínovou ambrosii; každý jsme dostali lžíci; já taky, nakládali jsme to na talíře, jedl jsem: večeře stejná jako repertoár Lothara Kinzeho; ale jedli pokorně, mlčky; velice skromně; jakýsi rituál; skoro jsem viděl interiér nějaké maringotky, ruce nějakého kuchaře; ostatně, pokoj byl jako maringotka, tapety růžově a bleděmodře pruhované (široké, secesní pruhy) a na nich vyprchalí zlatí motýli (celý městský hotel byla jakási zoologická zahrada šíleného snu infantilního malíře pokojů), a nábytek z mosazných čtverhranných tyček, mezi mřížkami postele vyrudlá hedvábná výplň; seděli jsme okolo mramorového stolku na mosazných nohách, který přitáhli doprostřed pokoje. Co ten pán vedle? zeptal jsem se Lothara Kinzeho. Das ist ihr Saxophonist? Ja, kývl Lothar Kinze, ruka se mu zachvěla. Kus tuřínového mišmaše spadl zpátky do talíře, žbluňkl, Kinze nedokončil větu. Ist das nicht schön? ozvala se žena s obrovským nosem. Pokynula jím k oknu, odkašlala si. Za oknem se zakulacenými rohy skýtal Kostelec Lotharu Kinzemu výhled na své náměstí. Bylo sedm večer; z letecké továrny Metallbauwerke táhl veselý průvod totálně nasazených, kterým právě skončila dvanáctka; to ale nebylo to krásné; myslela kostel; žlutorůžový, starogotický, rozvalený po náměstí spíš do šířky, rozsedlý téměř deseti stoletími své existence jako kamenný nákyp, s dřevěnými báněmi dvou věží, na nichž se uchytil mech, a proto zeleně svítily jako lesní palouček, a nad nimi červeně natřené vížky se zvony, jako dvě mariánské kapličky na dvou zelených paloučcích: zapuštěný v medové kapce náměstí, obloženého lávou v medovém a malinovém večeru; wie bei uns, in Spiessgürtelheide, vzdychla žena. Mein Vater, obrátila se ke společnosti, která mlčky překládala tuřín z talířů do úst, mein Vater tam měl řeznictví a uzenářství, krásný obchod, na náměstí, vzdychla, celý z bledězelených kachlíčků, jaja, das war vor dem Krieg, už je to dávno. Ich war ein junges Mädel, damals, vzdychla.

Und genau solche Kirche war dort, řekla, ukázala na baňaté věže, podobné krémovým ozdobám na rozsedlém pudingu. Při biřmování jsme stáli okolo kostela, vyprávěla, hleděla na mě upřeně z obou stran toho zarážejícího nosu, měly jsme krásné šaty, hedvábné, bílé, ja, ganz weiss, řekla, každá jsme držely v ruce modlitební knížku a voskovou svíci se zeleným věnečkem, a Jeho Eminence pan biskup Stroffenski chodil od jedné k druhé a udílel nám svátost biřmování. A každé dal svatý obrázek, ach, bylo to tak pěkné. A každá si obrázek dala do modlitební knížky. Tehdy si lidé vážili svatých obrázků, moje nebožka maminka jich měla několik set, z celé Evropy. I z Lurd. Jaja, řekla. Pan biskup Stroffenski byl krásný člověk, so dick war er, ornát měl na sobě celý vyžehlený, jako kdyby se do něho narodil, žádný fald, nic zmačkaného. Všechno úplně nové. To bylo před válkou. Ja. A jak chodil od jedné k druhé, modlil se takovým krásným hlasem latinsky a rozdával ty svaté obrázky, a s druhé strany kolem té řady nás, děvčátek, chodil můj tatínek se dvěma učedníky a s maminkou, učedníci nesli veliký hrnec plný horkých buřtů a maminka pecen chleba a nůž a za ní šel třetí učedník s nůší plnou chlebů, a pokaždé když se pan biskup pomodlil, požehnal a otočil se k tatínkovi a tatínek vytáhl háčkem z hrnce dva horké buřty, maminka ukrojila z bochníku krajíc a biřmovanec dostal občerstvení. Jaja. So war es vor dem Krieg. Das ist schon alles vorbei.

Po náměstí přejelo nablýskané auto pana továrníka Řivnáče, žena zesmutněla. Ja, řekl přiříznutý

Caesar. Vor dem Kriege. Da hab ich Schach gespielt. Nic mě nezajímalo, jenom šachy. Pořád jsem řešil úlohy. Mat třetím tahem, indická hra und so weiter. Ja, kolikrát jsme hráli celý den a celou noc, ani do školy jsme nešli, všechno jsme riskovali pro partii šachu. A dokonce ani holky mě nezajímaly. A že se kolem mě točily. Die Ursula Brummey, zum Beispiel. Z lékárny, dcera pana lékárníka. Ale já byl slepý, jenom ty šachy a šachy. Ignoroval jsem ji. A tak ona dostala takový nápad. Ženská. Pořídila si kostkované šaty, vypadalo to jako šachovnice. Pro tu látku musela jet až do Mnichova, to mi pak řekla. Samé šachovnice, jedna vedle druhé, s vytištěnými figurkami, na každé jiná úloha. Teprve teď mě začla zajímat. Jenže jaký jsem byl. Seděli jsme za městem, kolem voňavá louka, jako polita kolínskou vodou, ale bylo to jen seno, a na nebi měsíček jako kostelní hodiny bez ciferníku, žlutý jako kočičí oko, a už jsme nemluvili, už jsme šeptali, byla celá horká, obejmul jsem ji, lehla si na záda do toho sena a vtom ta proklatá látka, měsíc na ni zazářil, a já uviděl na sukni tu úlohu, divnou, zapeklitou, už do mě nic nebylo. Přiříznutý Caesar se zasmál. Už jsem viděl jen tu úlohu. Myslel jsem, že s ní budu hned hotov, co taky čekat od nějakého textilního výtvarníka, ale obkreslil to asi z nějaké velmistrovské studie nebo odkud, kurz und gut, myslel jsem, že to vyřeším obratem a pak dokonám dílo lásky. Ja, jenže mi to trvalo dva měsíce, dva měsíce skoro bez spánku a úplně bez práce, než jsem dal černému mat sedmým tahem. Und was die Ursula? zeptala se dívka se švédskými vlasy. Die? řekl přiříznutý Caesar. Ja, die hat einen Schlossermeister geheiratet. Der ist jetzt politischer Leiter in Oberzweikirchen. Dívka svěsila hlavu. Z limuzíny pana továrníka Řivnáče vystoupila jeho krásná dcera Blanka a vešla do domu pana Lewita; šla do hodiny baletu; piškotky na hedvábných stuhách se jí bimbaly přes rameno. Limuzína se rozjela. Naja, řekl obr s protézou, ich hab vor dem Krieg Bier getrunken. Und wie! Byl jsem švábským přeborníkem, a o titul mistra Hessenska mě taky připravila ženská, řekl. Pili jsme tenkrát v Lützeho pivovaře, já proti Meyerovi z Hessenska. On měl už v sobě padesát tupláků, já čtyřicet devět, při padesátým prvním vzdal, nemoh to už do sebe dostat, vyzvrátil to. A já - vemu tuplák a zvrhnu ho do sebe, jako by to byl ten večír první. Jenže ouha! Zůstalo mi to v jícnu. Pivní sloupec, víte? Ze žaludku jícnem až do huby. Byl jsem úplně plný piva. Musel jsem se zaklonit, aby se to ze mě nevylilo, a cejtil jsem, že dlouho to v sobě neudržím. Ale měli jsme takový pravidlo, že co se udrží přes práh, to se počítá za vypitý. Tak jsem se zvedl a jdu ke dveřím. Zeširoka, pomalu, palici zvrácenou v tejle, aby to ze mě nevyteklo. A už jsem u dveří, málem přes práh, ale kam čert nemůže - Lotti, Lützeho dcera, taková žába, celá rozhihňaná, vpadne dovnitř s náručí tupláků, vůbec se nedívá, vrazí do mě, a ze mě, pánové, to pivo vystříklo jako z islandskýho gejsíru. Přes práh jsem ho neudržel, a tak jsem toho hessenskýho přeborníka Meyera neporazil. Muž s protézou vzdychl. Ja, so war es vor dem Krieg, řekl ještě a počal se plnit tuřínovou melanží. Jeden po druhém vystupovali tak z přeludu do reálu řeči, do fakticity historek. Ne už oni, ale spíš to přesládlé panoráma náměstí byla vidina, fantasmagorie; to medové plátno s růžovožlutým kostelem, podobným rozsedlému pudinku. Ta krásná Blanka, skoro tak krásná jako kněžna nad akvárii (všechny ty bohaté dívky byly pro mě krásné; obdivoval jsem boháče: patřily jim pokoje obložené dřevem, voňavé doutníky, ta krásná luxusní minulost našeho sériového věku, život ne jako život, ale jako sen). Zavřel jsem oči, otevřel jsem je. Pořád to však byli oni: čtvrtkilový masopustní žert, teď bez cvikru, inteligentní tvář přiříznutého Caesara, dřevěný děda s vyhaslým okem uprostřed tváře, bílý obličej hrbáčkův, z něhož zmizel výraz štěstí a nastoupila zas neustávající trýzeň existence. Lothar Kinze, rudý jako opičí zadek, roztržitý, nervózní; jenomže na ně dopadal svítivý odraz barevného náměstí a slunečného večera; nebyl to teď funébrmarš po železném schodišti; a švédská dívka se zlomenými labutími křídly: Und ich sagte zu ihm, wenn du mich küsst, da geh ich weg, vyprávěla, stříbrozlatou hlavu zasazenou do růžově a modře pruhovaného pozadí jako hlavu předklasické řecké sošky: vlasy ze zlata, pleť ze slonové kosti, oči z opálů, und so hat er mich nicht geküsst. Er war ein Matematiker. Neměl vůbec, ale vůbec smysl pro humor, pro hru, pro malé hlouposti. Vlastně nešlo o humor, ale o hru, die jungen Mädels müssen es doch so sagen, přece nemůžou říkat: Pojď se mnou, kluku, líbíš se mi! Polib mě!

Pojď ke mně! Obejmi mě a tak dále. Mezi zlomenými křídly se objevil první, ale smutný, smutný úsměv. Das Mädchen muss doch hauptsächlich Nein! sagen. Jestli to a to uděláš, tak odejdu. Jenže on znal jenom pravidla matematiky, vůbec ne hru, malé hlouposti. Já říkala ne, a on tomu nerozuměl. Und so ist zu nichts gekommen. Potom, ušklíbla se (ano, nezmýlil jsem se: ušklíbla se), jsem kvůli němu přestala říkat Nein. A to jsem asi zase udělala chybu. Jemu? zeptal se hrbáček. Ne. Jiným, selbst verständlich, odpověděla dívka. Und was ist mit ihm geschehen? zeptal se slepec. Weiss net, řekla. Wahrscheinlich ist er jetzt Soldat. Das mag er wohl sein, řekl slepec. Jestli ovšem už - nedokončil větu. Dazu braucht er aber nicht Soldat sein, dodal. Zase se zapustili do vidiny, jako kamínky do mozaiky. Dýňová kaše (nebo tuřínová nebo co to bylo: prostě eintopf) v míse ubývala. Stará žena se sehnula k posteli, vytáhla kufr, otevřela jej; objevila se hromádka předmětů zabalených v papíře; dva položila na stůl; jeden byl malý bochníček černého chleba, druhý nějaká žlutá hmota v bílém obalu. Rozbalila to. Dessert, řekla. Dívka rozkrájela bochníček na osm krajíčků, žena ukrajovala z nažloutlé hmoty a mazala. Rozplývalo se to sladce a nahořkle v ústech, trochu to pálilo. Ach, Honig, řekl Lothar Kinze. Als ich ein kleiner Bursche war, vor dem Kriege, řekl: a tu jsem si uvědomil, co to je: umělý med, medová náhražka, hrůzné svinstvo německého průmyslu, také jsme to občas doma měli. Herr Graf hatte drei hudndert Bienenstöcke, vyprávěl snivě Lothar Kinze. Tři sta včelínů. Statisíce včel. Ach! Na jaře, když se navečer slétaly z luk, voněly jim plné zadečky tak, že celé Bienenweide bylo cítit medem. Und der Herr Graf! mávl rukou, kus umělého medu spadl do mísy po tuřínu. Ale nevšiml si toho; So ein guter Mensch! Und die Frau Gräfin! Takoví lidé dnes už nežijí. Rok co rok, když měla paní hraběnka narozeniny, chodilo se jí vinšovat - všechny děti z celého panství Bienenweide. To bylo dětí! Čtyři sta! Možná pět set, nebo víc! Stáli jsme v řadě, po chodbě a po schodišti ze zámku ven a parkem až k zámecké bráně a kolikrát dokonce za ní. Ale dlouhá chvíle nám nebyla. Pan hrabě poručil zámecké kapele, a kapela mašírovala od brány zámku parkem až k zahradní bráně a zase zpátky a vyhrávala nám, dětem. Ja, uns Kindern. A když na nás přišla řada, vstoupili jsme do salónku paní hraběnky, seděla v křesle u okna a byla krásná, ach, jak ta byla krásná! Dnes už takové ženy ani nejsou. A my jsme jí každý políbil ruku, a ona se na každého usmála a druhou rukou sáhla do připravené ošatky a každému dítěti dala císařský dukát! To byli hodní lidé, jaja, řekl Lothar Kinze, vor dem Krieg. Kdepak. Dnes už tak hodní lidé nežijí, řekl. A večer byl v parku ohňostroj a ve vsi vyzváněly zvony - jako v odpověď se rozezněly Gabriel a Michael ve svých červených kapličkách na baňatém zeleném trávníku. Sieben Uhr, Lothar Kinze se vytrhl ze snění. Budem se muset pomalu - pohlédl na mě. Und wir müssen Sie - wenn Sie glauben - bisl maskieren, net?

Ja, řekl jsem rychle. Das ist absolut nötig.

Zase v jiném pokoji; ve třetím. Patřil Lotharu Kinzemu, na hráškových tapetách pobíhali malí červení pavoučci. A tam jsem se ve špinavém zrcadle proměnil v jednoho z nich: z kufru vytáhl Lothar Kinze krabici s líčidly (určitě jezdili donedávna s cirkusem, měl tam sbírku šaškovských nosů, lysé paruky s věnečkem zrzavých kadeří a všelijaké vousy); pod nos mi přilepil veliký černý knír, nakroucený vzhůru, a na čelo huňatá černá obočí: vypadal jsem trochu jako Harpo Marx (k nepoznání; ne jako když jsem zaskakoval v baru Slávie za onemocnělého saxofonistu Heřmánka, holiče, a nalepili mi gableovský knírek; každý mě poznal, a druhý den večer už jsem tam nehrál); dokonale spikejonesovsky. A pak zase v tom prvním pokoji: brada pořád beze změny trčela z polštáře, stále stejné, slaboučké, chrčivé oddychování. Ale začínalo být šero, do pokoje se snesl nazelenalý stín (odraz mechu na kostelních věžích). Svlékl jsem sako, pověsil je přes židli, Lothar Kinze mi ze šatníku podal bassaxofonistův pracovní oděv: ano, Spike Jones. Brčálově zelené sako s fialovými atlasovými výložkami, bílou košili, oranžový motýlek. Když jsme vyšli na chodbu, ostatní tam už stáli. Hrbáček a jednonohý obr ve stejných nádherách, podobni křiklavým žvejkačkám (jistě z nějakého aušusového, barnumského grandcirkusu). Dívka měla šaty z tmavě fialového brokátu, ušité k tělu (opravdu byla krásná: nejenom kontrastem k samorostům Lothara Kinzeho); to už jsem také věděl, koho mi připomíná: Mici; krásnou prostitutku z bordelu Pod zámkem, kterou jsem taky miloval (bylo mi šestnáct, sedmnáct) jako dceru Šerponě-Domanína (ale z jiných důvodů, z opačných pocitů, z jiných asociací): vždycky jsme ji vídali jenom přeběhnout přes korso, bledou, platinovou, nesmírně pěknou a lákavou, a pak jsme se jednou za ní vypravili s Ulrychem; nastřádali jsme si na to společně z apanáží; ale v předsíni bordelu (byl velice neutěšený, vůbec ne přepychový) jsme dostali strach a vypařili jsme se; zahlédli jsme ji jenom mezi dveřmi, v dekoltovaném negližé (sumu nastřádanou na tu krásnou prostitutku jsme pak ze zoufalství propili ve výčepní lihovině; k Ulrychovi museli zavolat lékaře). A pak už navždycky jen odpoledne, na ulici, na kratičký okamžik: patřila k jejímu mýtu: nesla se, pod obrovskou plavou hřívou, v úzké sukni, v níž se vlnily překrásné obliny jejího zadku, na strašlivě smutných krásných nohách, stejně nepřístupná a stejně, ale jinak, tajemná jako Blanka Řivnáčová, která také občas (dokonce pěšky) přešla hrdě městem v činčilovém kožíšku a voněla benzínem: taky mýtus toho města, toho korsa, té ulice. Mici si potom, po válce, vzal jeden textilák; ještě později je oba z nějakých politických nebo šmelinářských důvodů zavřeli. Pak už z ní byla flekatá stařena, ale konečně, i mýtus města zmizel, mýtus korsa, nebylo už korso, všechno mizí, zaniká, ztrácí se, umírá. Objevil se Lothar Kinze ve stejně brčálovém a fialovém barovém ornátě, nastoupili jsme, už podruhé, pochod do hlubin hotelu. Sotva jsme opustili oblast přirozeného světla a na oprýskané stěně se objevily stíny, byli jsme zase Sněhurka a sedm trpaslíků;

jenom já byl teď jedním z nich. A také znovu dřevěná harmonie války. Na jevišti už spustili oponu: temná (teď už rozsvícená) prostora sálu byla od nás oddělena sametovým závěsem, a usedli jsme do půlkruhu, za pultky.

Přistoupil jsem k oponě. Jeviště posvětila jména těch nádherných part dávných dnů: Emil Ludvík, Elit Club, Karel Vlach. Zatáhli kolem něho černý kruhový horizont, a za ním jsem v koutku mezi podepřenými suffitami kdysi skrčen poslouchal tu nebeskou muziku; a slyšel jsem zpěvačku Miladu Pilátovou, Gipsy, říkali jí Gipsy a za horizontem jsem slyšel také jejich žertování o přestávce, a škvírou jsem ji viděl: prý ji potom vypověděli ze Zlína pro opilství a prostituci, Baťovy mladé ženy ji vyvedli ze zlínského Grandhotelu; tak je tomu vždycky, vždycky vzbudí tolik nenávisti, vždycky je vyvádějí, vypovídají, vykazují; snad mluví příliš do duše, a ti, kdo duši nemají, nesnesou v dutinách po ní zbylých tu řeč, výpověď, tu Myšlenku; ale předtím zpívala (asi tři neděle; velké, historické epochy trvaly často velmi krátce, jejich velikost se ve vzpomínce a fámě jako by prodlužuje) v podnicích zlínské Basin Street, mezi Grandhotelem a Kinem, kde se ze zatemněných oken kaváren a vináren nesly světélkující riffy tou válečnou, protektorátní nocí, Gustav Vicherek (všichni v bílých sakách, s rameny jako stěhováci, s knírkem) jako Django Reinhardt, lehké, houpavé synkopy swingu strun přes zesilovač, a na druhé straně přes ulici Honza Číž, jako kdysi bitvy kapel ve starém New Orleansu, docela

přátelské, a o něco níž Bobek Bryen s Inkou Zemán-
kovou, která drsným hlasem budila ze spánku Baťo-
vy mladé muže a houfem je naháněla do studených
sprch, všechno, válečná noc, světýlka škvírami za-
temňovacích rolet, mladičké krystýnky, které sem
přijely obtížným válečným autostopem až z Prahy,
čistě jen za tou muzikou, nažehlení protektorátní
filmaři, študáci v pumpkách, s vyhladovělýma oči-
ma, polykající breaky jako slovo boží, soldáti, kteří
chtěli zapomenout na slávu smrti, nočňátka, oveč-
ky, zhaslé lampióny, všechno se houpalo a potápělo
na té Perdido Street naší fantazie od Grandhotelu
ke Kinu, na té Tin Pan Alley v polozakázaných mil-
neburských radovánkách válečné swingrenezance
a Gipsy tu byla královnou jazzu, nejkratší, ale oslni-
vá vláda v dějinách vlád, mýtická éra Gipsy. Vicher-
ka pak zavřeli pro veřejné provozování výstřední ne-
groidní hudby, kavárny umlkly, Honza Číž se roz-
jel na turné a potom zahynul v ledovém pankejtě,
Inka Zemánková začala živořit ve Vltavě, skrze
Perdido Street vály pusté větry policejního zásahu;
už to je také legenda; už se nedá rozeznat, co je prav-
da a co je sen; tak brzy; ale tak to má být. Přistoupil
jsem k oponě: zablýskala v ní zasklená dírka, přilo-
žil jsem k ní oko; padl na mě smutek. Honza Číž už
byl mrtev, Gipsy zmizela někde v Brně. Fritz Weiss
v Terezíně. Byl jsem už dospělý člověk, měl jsem se
zabývat vážnými věcmi, ne hloupostmi, jako byla
Perdido Street. Někde všude hrály drobné party,
jako jsme byli my (nemyslím Lothara Kinzeho: nás),
tu smutnou krásnou muziku swing, také odsouze-

nou k zániku. Pohlédl jsem kukátkem. Přímo proti mně seděla Frau Pellotza-Nikschitsch, na krku brilianty (nebo něco, co vypadalo jako brilianty, ale asi to byly: patřily dřív patrně paní Kollitschonerové, stejně jako Pellotza-Nikschitschův byt), v červeném hedvábí. Herr Pellotza-Nikschitsch vedle, v hnědé košili SA, pochmurný, ostříhaný na ježka. Nyní Němec, před tím Ital, před tím Srb, před tím bůhvíco. Málem impozantní ve všech těch proměnách; jak mu vlastně bylo a co vlastně byl? Jeho syn byl opilec, násilník. Zabil se na plovárně. A vedle Herr Zeeh, taky v uniformě, černé, snad SS nebo NSDAP nebo OT nebo nějaké takové studené zkratky, snaživý člen partaje, a jeho žena se starozlatou, obrovskou broží, kterou (měl jsem dojem, skoro jistotu) jsem už také někde viděl, na nějakém jiném, patrně už mrtvém krku (všechno tu bylo ukradené; nádhera povstalá z vykořisťování se změnila v nádheru prosté loupeže a vraždy). Sametovou róbu; a za ní jiné satinové, atlasové německé dámy s pohyblivou výstavou šperků, jejichž původ by se v přísně legalistické společnosti nedal spolehlivě prokázat, malé, třpytivé historky končící smrtí, a černé, hnědé a šedivé uniformy; panoráma železných křížů. Shromáždili se tu, jako na obraze toho moderního Hieronymuse Bosche, naskládaní v šedohnědou impresi, aby si poslechli Lothara Kinzeho und sein Unterhaltungsorchester.

Zmocnil se mě pocit, že dochází k nedorozumění: k zběsilému podvodu: jako Mark Twainův Král a Vévoda; že potom dav těch pánů v holínkách, podobných koženým zrcadlům, uchopí Lothara Kinzeho, pomaže ho dehtem a posype peřím, přiváže ho ke kůlu a s pomstychtivým řevem ho ponese kolem sekretariátu NSDAP k Ledhuji. Obrátil jsem se. Lothar Kinze stál v brčálovém a fialovém saku a červená lysina v chladném světle lampy vypadala jako šišatá jahoda, zapomenutá ve vinné sklence z opálového skla. Opíral se o piano, mlčel. Za ním, nad ohmatanou deskou klavíru, tvář ženy jako obličej smutného klauna; na dmoucím se těle měla černé šaty se zelenou krajkou u krku; cvikr už seděl na svém místě, na tenkém kořeni nevysvětlitelného raťafáku; a hrbáček a přiříznutý Caesar a obr, všichni lesklí, fialovobrčáloví, zabraní v chmurné mlčení; čekali; opět pokorně; něco z pokory večera přešlo i do očekávání výkonu; smutná pohřební parta odkudsi z dalekých cest Evropy, možná jen ve válce, vlekoucí svoje lkavé a nesrozmitelné poselství po secesních nádherách městských divadel zapadlých měst na periferiích velkého bojiště; slepcova tvář byla dosud stažena ve výraz utrpení; zlatá dívka ve fialovém brokátu seděla se svěšenou hlavou na židličce vedle piana; za kulisami český jevištní mistr, který mě znal (ale snad nepoznal, aspoň jsem doufal že ne); stál připraven u kontrolní desky s vypínači a reostaty; taky byl zachmuřen, ale ten proto, že musí sloužit Němcům. Pohlédl jsem znovu kukátkem. Zase jiné panoptikum: právě přišel Horst Hermann Kühl, vyzáblý, neuvěřitelně čítankový Němec v černé uniformě SS, a koncert tedy mohl začít.

Vrátil jsem se rychle na svou židli. Lothar Kinze učinil jakýsi pohyb hlavou, snad to mělo být povzbuzení, vzal smyčec, energicky jej nakalafunoval. K zemi se opět snesla mikroskopická chumelenice. Bassaxofon už neležel na podlaze vedle mne; stál ve stojánku, který mezitím někdo (patrně dřevěný děda) přistavil, a podobal se krásnému krku stříbřitého vodního ještěra. Žena s obličejem smutného klauna byla už připravena, ruce na klaviatuře, každý prst přesně na klávese vstupního akordu, zarudlá drobná očička upřená na Lothara Kinzeho. Paličky v kostlivých rukách slepého hrbáčka spočívaly hlavicemi jemně na kůži snare-drumu. Přiříznutý Caesar si olizoval rty, obr držel v rukou malý bandoneon. Čekali jsme, jako filharmonie v Carnegie Hallu, pod taktovkou nějakého fialového Toscaniniho s opičí pleší.

Šumění za oponou utichlo. Lothar Kinze pozdvihl ruku se smyčcem, dívka s vlasy jako zlomená labutí křídla vstala, přistoupila k mikrofonu. Ozvalo se chřestivé zašelestění, opona se uprostřed rozestoupila, začernala se na nás rostoucí škvíra temného sálu; jevištní mistr naplno zapjal reflektory; Lothar Kinze čtyřikrát zaťukal o břicho houslí a opřel se do strun: plačtivý dvojhlas zapraštěl, vyšvihl se do dojemné výšky; přidal jsem se na altku; vlevo ode mne zaplakal bandoneon a vzlykla trubka s tupým dusítkem. A dívka, hned, bez úvodu, beze znělky (nebo to byla znělka, tohle?) spustila: její hlas mě překvapil; zněl jako puklý zvon; hluboký alt; so traurig, napadlo mě, wie eine Glocke:

Kreischend ziehen die Geier Kreise,
die riesigen Städte stehen leer...

A my její krásný hlas (kdysi byl jistě krásný: to znamená: před válkou; i v ní tedy cosi zničil, poškodil čas a jeho zlé síly; byl to puklý, zlomený, rozedraný hlas; teprve o mnoho let později přišlo něco podobného do módy jako chraplák, ale tenkrát se zpívalo sladce, sopránově, velkooperně: naprosto ušlechtile; v chrapláku je někdy humor; zde ne; jenom smutek prasklého zvonu, strun, které přestaly být pružné; krásný, kdysi temně rezonující alt, nyní naplněný šelesty jako stará gramofonová deska, noc nad spáleným lesem, ne už šelest uschlých větví, ale skřípot, uhelné praskání okoralých koster stromů všude po obrovské, nemocné, boláky a spáleninou poseté pláni Evropy, kudy se ubíral, kodrcal Lothar Kinze v šedivém autokáru po cestách, které lemují sloupy kouře, dotýkající se nebe jako obrovské topoly) obklopili opět tou, tentokráte mezzofortovou melanží, nehybným, rozvrzaným pulzem perzifláže, bezostyšnou šumařinkou, uprostřed níž ona polovinou, altovou částí hlasu intonovala, a těmi ostatními tóny, flažolety zjizvených hlasivek se přidávala k naší distonující kočičině; jako hlasy v synagoze, které se valí, stěžují si každý sám pro sebe, a přece v chorálu mnoha hlasů naříkají na nějaký společný osud, ale nejsou schopny společného zpěvu, jenom oddělených, splývajících, disharmonicky se doplňujících falešných kantilén: hlasité strojové basování ženy s obrovským nosem, hlasy trubky a bandoneónu, vedené v aranžmá unisono a nedoladěním propůjčující té kvílivosti názvuk klavírního blues, i můj cukerinový hlas, Lothar Kinze se pokusil o jakési zoufalé, poraženecké zacifrování; ten stejný, zvláštní kontrast: krása a ohyzdnost, dívčina a našich zjevů, krása poloviny toho hlubokého a naprosto muzikálního altu, a pitoreskní šmírařina cirkusové procítěnosti orchestru šesti augustů:

Die Menscheit liegt in den Kordilleren,
das weisst da aber keiner mehr...

A přede mnou (byl jsem od nich bezpečně oddělen kníry a obočím) plul na vlnách distonie, vzdouván křiklavým sentimentem zahradních restaurací v Berlínu-Pankowě, svět Horsta Hermanna Kühla a jeho plodivých německých žen, a jeho přísnost roztávala v tom kvílejícím sentimentu jako führerova busta z čokolády (vyrobil ji v sousedním německém, sudetském městě cukrářský mistr Düsele na náměstí, v den připojení k Říši; stála za výkladem: pleť z mandlové hmoty, knírek a vlasy z tmavé hořké čokolády, věrná podoba vůdce; ale Düsele měl výkladní skříň na jih a den připojení uvítalo slunce; jeho hákové symboly, které vlály nad městečkem, nevrhaly dost stínu; brzy po obědě se začal vůdce hroutit; cukrové bělmo z jednoho oka se odlepilo a klouzalo pomalu po změklé mandlové tváři, až dopadlo na dno výkladu, mezi kyselé špalky s červenými růžičkami, mezi lízátka a pětihaléřové krokodýly ze žvýkací hmoty. Kolem druhé hodiny odpolední se mu prodloužil nos, pak roztál, a vůdci se protáhla tvář; nabyl zahořklého, nadpřirozeně smutného výrazu, po tváři počaly stékat čokoládové slzy jako kapičky vosku z černého paškálu; večer se ta krásná cukrářská busta proměnila v pouze přibližný tvar, v hrůzný, jakoby ohlodaný, protažený, prasmutný obrys, v mnohotvarou, rozmokvanou mrtvolu hlavy, a ta ve večerním chladu ztuhla, a když se cukrářský mistr vracel ze zahradní slavnosti, čekalo už na něj, toho dne slavného připojení, gestapo a výklad byl cudně zamalován barvou. Co pak udělali s bustou, nevím: snad ji zničili, nebo snědli, nebo z ní mistrův nástupce vyrobil mandlová prasátka; takový bývá osud státníků); strohé rysy toho germánského kmenového vůdce v nepřátelském území, toho Horsta Hermanna Kühla, měkly v křivý, nepřítomný úsměv, blažené zasnění; a tváře německých žen rovněž; skladbu od skladby; Lothar Kinze, podoben nafialovělému atlasovému vodníkovi, se s nesmírnou, sadistickou energií opíral do svých nečistých dvojhmatů, muž s bandoneónem se ho držel jako bojácné dítě matčiných sukní: nejordinérnější paralelismus; a přiříznutý Caesar, jakoby zamilovaný do tupého dusítka, se držel harmonikáře. Ale čím děsivější to vše bylo, čím víc se mi zdálo, že za železnými kříži a plnými, mateřskými ňadry první řady *musí* už konečně vylítnout to shnilé vajíčko, ten ohryzek, tím zhmotněnější sen sestupoval do očí Horsta Hermanna Kühla; spadla z něho slupka sebejistoty, to držení těla, jakým se vyznačují dobyvatelé, kteří jsou všude velkými, drsnými, vládnoucími muži, jenom ne doma; to skoro římské, imperátorské Romanus sum, a do sacharinového výrazu blaženosti ukládala se maličká, skličující touha po nějakém bavorském nebo snad pruském městečku, po koženkách, po zahřátém světě bez-významného domova, kde nebydlel v pětipokojové rezidenci činžáku na hlavní třídě s vůdcem na oltáři, ale kde mohl být jak byl, před tou řeholí tvrdosti a německé velikosti, kterou na sebe vzal z hrabivé touhy nebo z pitomosti; distonující harmonie, puklý hlas, necitelné, přesné ale zmrtvělé basy piana, čím strašnější, tím bližší sluchu jeho duše (nebo co v něm bylo), sluchu těch baculatých německých trhovkyň a obecních zřízenců, zbohatlých drobným sortimen-tem svinstva, vynesených sem, do pozlaceného se-cesního sálu, z tržnic a vrátnic myšlenkou zrozenou v pivnici; dříve tu muzicírovalo Kostelecké smyč-cové kvarteto, dva profesoři z gymnasia, primař nemocnice a knihkupec; a také Český nonet, Filhar-monie, na abonentních koncertech pro místní ostrů-vek kultury, civilizace a lokálních snobů; nyní tu pro to shromáždění v ukradených briliantech vyhrá-val Lothar Kinze mit seinem Unterhaltungsorchester.

A kdysi tu rozkvetla orchidej (ano; když vytáhli oponu, bylo to přesně, jako by na scéně zalité svět-lem rozkvetla modrá růže nového poznání): jazzová kapela R.A. Dvorského; kdo to ví, zasnil jsem se: taková absurdní věc: kapela, kde jazzu bylo jen několik kapek; bůhví, co bylo to ostatní - ale každé-ho čeká nějaká absurdní mucholapka; něco, co ne-pochopí jeho Kostelec; myslím i ten velký Kostelec našeho světa; ta zrádná chvíle, kdy se jako by otevře brána do života, který však naneštěstí je mimo tento svět a věci jím chválené; ne do umění: k pocitu; k euforii; snad k optickému, akustickému klamu, ale k podstatě bytosti: taková je: malá, dětská, naivní, povrchní, neschopná větších hloubek, vyšších citů; primitivní; bezmocná; jako je bezmocná lidskost; dokonce i neschopná toho výrazu, který otevírá bránu lepšího života; ale tím se to určí: jednou provždy; do paměti je zasazen (možná skleněný, ale ne uloupený) brillantek toho zážitku: jak se tehdy zvedla opona; jak fortissimo žesťů synkopicky zalomcovalo sálem; jak medově vylétly saxofony; a je rozhodnuto: pro celý život; dávná, mýtická iluze čehosi, co nás nakonec zničí, protože je to kotva mládí, pouto infantilismu, promění se to v iluzi, ale trvalo to příliš dlouho, pak už nemůžete začít znova, pak už je možná na všechno pozdě; hrál jsem; síla té hudební slabosti mě vmáčkla do falešného šiku Kinzeho šumařinky; lkal jsem jak hudební komik na vypůjčenou altku, po tvářích mi tekly slzy; nevěděl jsem proč; to člověk nikdy neví; lítost že člověk musí umřít, právě když začíná; ta prastará alfaomega. Ani už jsem neviděl Horsta Hermanna Kühla: fialová záda Lothara Kinzeho se přede mnou kymácela, vroubena divoce létajícím, divoce omylným smyčcem; dívka z Moabitu, zpívající prasklým hlasem, es geht alles vorüber, es geht alles vorbei. Jako kymácející se koráb: na moři nějaké pukliny v čase, nějakého klínu z blouznění horečky, který se vsunul mezi normální odpoledne, jež skončilo u toho šedivého autobusu, a mezi noc, která nepochybně bude zas normální (nevěřil jsem v nadpřirozené jevy), na posteli, pod oknem s hvězdnou oblohou: ne tomuhle Kostelec neuvěří - a najednou jsem vzpomínal na sebe mezi těmi přízraky, jak je to všechno strašné, takový ostrý, špičatý, krutý okamžik poznání: jak mě přivedli do tohoto dusného, nezdařeného světa, měkkoučké bejby utkané ze snu; jak tím stále pronikal sen; ale nijak grandiózní sen; patologický sen bezmoci, neschopnosti; poznamenaný nemocí; výsměšným, pichlavým dívčím smíchem; netalentem; osamělým odpoledním biografem; noční můrou, noční hrůzou; že to jednoho dne skončí, že se to všechno zhroutí; bejby dotčené od prvního růžového kočárku smrtí; strachem z pohledů, z uší, z kontaktu, osamělé, nepovedené bejby, pošetilost nechápajících - hrál jsem, a obrovský bassaxofon se nade mnou skláněl jako rám nějakého temného obrazu. Náhle jsem cítil, věděl, že odevždy a provždy patřím k Lotharu Kinzemu, že jsem s ním prošel celou tu nomádskou cestu ztroskotání a že s ním potáhnu pořád, až do hořkého konce. S tím smutkem té ošumělé party, nad níž jako šibenice ční bassaxofon, za tou dívkou s hlasem zlomeným jako puklý zvon. Tváře der deutschen Gemeinde v hledišti se zvedaly, klesaly, proplétaly se, kostnaté prsty Lothara Kinzeho tančily s nimi po dvou strunách: jednotlivé vize, kapitoly, šlágry, tanga a ploché foxtroty oddělovala jiná disharmonie: potlesk; do něho zaduněl vždycky zezadu velký buben, aby podpořil ten souhlas koženým, temným hromobitím: hrbáčkovy brýle se zvedly k rozsvícené rampě, pod nimi modré rty, uvolněné z křivky deprese, neustávající tísně; skoro radostná křivka nad hudbou, která se mu podobala; také hrbatá, ale Horst Hermann Kühl jako by to nechápal; tleskal; a nová dávka toho kvílivého volání přibližnosti, nedokonalosti; nový potlesk; uprostřed něho se mi na rameno položila ruka; pohlédl jsem na ni; bílá, měkká ruka, ne ruka dělníka, ale člověka, který se zmocňuje chleba nějak jinak. Zápěstí mizelo v přiléhavé, oslnivě bílé manžetě z nějakého jemného materiálu, snad několika vrstev krajek obtočených okolo zápěstí, a nad ní jiná, volnější manžeta s knoflíčkem. A zazněl hlas: Komm her! Hinter die Kulissen. Polohlas, hlasité, chraplavé zašeptání. Vzhlédl jsem po délce té ruky, po paži, tvář muže (byla to těžká, velká mužská ruka) mi skrylo ohbí bassaxofonu, vstal jsem tedy jako osleplý (pořád zněl potlesk, dívka se ukláněla, zlomená labutí křídla bezmocně mávala po obou stranách tragického obličeje), cítil jsem, jak mě ruka pevně, skoro surově táhne za kulisy; teprve tam jsem ho spatřil: byl to divoký, rozložitý muž, snad čtyřicátník. Měl černé vlasy, jako by protkané olověnou trnovou korunou šedin; divoké oči, úplně černé; černý knírek; úzký, téměř siciliánský obličej; byl šílený; to jest normální v té šílené chvíli; poznal jsem ho: špičatá, zamodralá brada s rašícím strniskem trčela z bílého límce jako předtím z bílého polštáře s hotelovými modrotisky: byl to ten poslední neznámý, ten spící, jehož místo v orchestru Lothara Kinzeho jsem nedobrovolně zaujal; ten tajemný. Gibs her, řekl surově a skoro ze mě serval brčálové a fialové sako. Nebylo na něm - stejně jako na švédské dívce - vidět žádnou deformaci, žádné zranění; ani červený plamen kdysi seškvařené kůže, jako na lysině Lothara Kinzeho, tím méně nějaká protéza, hrb nebo hypertrofický nos; nebo vyhaslé oči; vyškubl mi z ruky altku, přes hlavu mi serval kšandičku; i druhá ruka byla ve dvou bělostných manžetách; zahučel; obrátil se; vkročil na jeviště, sedl si, altku vrazil do stojánku. Oči Lothara Kinzeho zahlédly brčálový pohyb, sklouzly (jak se ukláněl) pod paží na mužovu tvář, lekly se; Lothar Kinze zůstal v předklonu; neznámý (pro mě) sáhl drsně po bassaxofonu; naklonil si ho k sobě, obejmul ho. Přiříznutý Caesar se po něm ohlédl, ušklíbl se; také harmonikář to uviděl, ale jenom přikývl; po úbočí gigantického nosu se zřítil cvikr, zůstal viset na šňůrce; žena se usmála; muž energicky vložil do úst mundštyk bassaxofonu a zároveň opadl potlesk: roztálé, ne už germánské tváře v sále se sklonily k rameni, oči plné snu se upřely na nově příchozího. Lothar Kinze starostlivě, nervózně zašilhal po bassaxofonistovi; slabounce, tázavě kývl; bassaxofonista rovněž kývl, ale ne slabounce: jako by odmítal jakoukoliv pozornost; Lothar Kinze zvedl smyčec; jako předtím odpoledne provedl tělem ten valčíkový pohyb, opřel se do obou strun: jako odpoledne zazněla falešná, naléhavá intráda, ploužila se dvanácti ubožáckými takty.

Přitiskl jsem se k sufitě: bassaxofonista se nadýchl: na jevišti explodoval strašlivý, temný, prehistorický tón; naskočil na mechanický vozíček valčíku, přehlušil všechno; pohltil disharmonii, rozpustila se v jeho hloubce; muž dul do velkého nástroje s nesmírnou silou nějakých vzteklých, zoufalých plic, a jak dul, melodie skladby *Der Bär* se najednou zpomalovala, drobila, z halekajícího hlasu bassaxofonu zaznělo dýchání, bassaxofonistovy prsty se zběsile rozběhly po silném, stříbrném, matném těle obrovité dýmky; jako by něco hledaly; vytřeštil jsem na ně oči: zazněly vyčkávající trioly; prsty se rozběhly, zastavily, zase rozběhly; potom jej uchopily pevně; zavřel jsem oči; z bubnu, z klavíru zněl mechanický, tříčtvrteční tep, orchestriónové umpapa; ale nad něj vylétl jako tančící gorilí samec, jako kosmatý pták Noh pomalu mávající černými křídly hlas širokého kovového hrdla, řvoucí, spoutaná síla bambusových hlasivek, tón bassaxofonu; ale ne ve tříčtvrtečním taktu; mimo něj; ve čtyřech těžkých dobách, přes něž lehce a s nesmírnou, tajenou, a přece cítěnou silou klouzal v septuolách, v rytmu, který šel nejen proti strojovému umpapa, ale i proti čtyřem pouze myšleným akcentům, jako by ze sebe setřásal nejen veškerou zákonitost hudby, ale také tísnivou tíži něčeho ještě obrovitějšího, polyrytmický Fénix, černý, zlověstný, tragický, vznášející se k rudému slunci tohoto večera z nějaké příšerné chvíle, ze všech příšerných dnů, adrian rollini toho dětského snu zpřítomnělý, zosobněný, zápasící - ano; otevřel jsem oči; muž se saxofonem zápasil; nehrál; zmocňoval se ho; znělo to jako divoká rvačka dvou krutých, nebezpečných a mocných zvířat, která na sebe řvou; jeho uhlířské ruce (jen velikostí, ne mozoly), mačkaly osleplé tělo, podobné krku brontosaura, z korpusu se řítily mohutné vzlyky, prastará zařvání. Opět jsem zavřel oči: ještě než jsem se ponořil v přísvětlí vidiny, spatřil jsem jako v kratičkém šotu dvě řady tváří: Lothara Kinzeho und sein Unterhaltungsorchester, a tvář Horsta Hermanna Kühla a jeho entůráže: v měkkém rozpuštění najednou ztvrdla úžasem; bavorský sen vyprchal jak éter; a ztuhlé, měkké rysy začaly se rychle a viditelně skládat do protáhlé masky římského conquistadora; naproti němu duchový polokruh obličejů Lothara Kinzeho zazářil výbojem jakéhosi neonu štěstí: mechanismus valčíku prošel kvadraturou kruhu - ale to už jsem měl opět oči zavřené - to už jsem viděl ten květ na rozsvíceném jevišti, v parnu sluneční džungle, a gorilí hlas samčího (ne: vůbec lidského) zoufalství lomcoval jevištěm jako tenkrát - dávno - nedávno - vždycky - swingující žestě.

Byla to předčasná legenda: Charlie Bird zápasil takhle se saxofonem, s hudbou, vlastně se životem až později; band z dřevního času, zastřeného mlhami jiné historie, války, toho ostrova Evropy, odděleného zužujícím se prstencem oceli a trinitrotoluolu od dalekého, širého světa; stejně veliký, stejně bolestný, ale zapomenutý; anonymní bassaxofonista pod plachtou cirkusového stanu, který jako plachetnice Santa Virgo Maria de los Angelos plul ty dva, tři, čtyři roky po Tichém oceánu spálenišť a stopovím prošlých front; Lothar Kinze und sein Unterhaltungspanoptikum; nedoplul nikam, ztratil se, rozpadl, rozpustil v konečném zmatku národů; neznámý černý Schulz-Koehn, adrian rollini mého snu, nějaké veliké, neznámé, nevysvětlitelné bolesti, tak smutné, so traurig, so traurig wie eine Glocke.

Jiná ruka se mi položila na rameno; a jiné oči mě uchvátily chladným plamenem: otočil jsem se. Horst Hermann Kühl mi sáhl po kníru, strhl mi ho. So ist es also, řekl. Verschwinde! Tvář měl už zase složenou bezpečně do rysů dobře ovládané masky. Nebezpečné; nepříjemné; vrahounské.

Obrátil jsem se. Hlasitý, mohutný řev zápasícího bassaxofonu zněl dosud z osvětleného jeviště. Verschwinde! zasyčel Horst Hermann Kühl. V záblesku jsem zahlédl tvář jevištního mistra, toho Čecha, a na okamžik jsem prudce procitl ze snu, a zamrazil mě studený pot chiméry. Ale oni neuvěří. Kostelec ne. Ani Kostelec ve mně: později tomu ani já nebudu věřit, nebudu rozumět. Nedosažitelnému poselství hudby, provždy zamčené na sedm zámků toho talentu, navždycky to bude jenom tato touha říct, porozumět, dojít s tou partou až na konec - čeho? - světa - nebes - života - asi: pravdy.

Prchal jsem po železném schodišti temnotou, potom hotelovou chodbou kolem tichých dveří s mosaznými čísly, béžovou a krémovou chodbou ke dveřím číslo 12 A. Volání bassaxofonu někde v dálce se zhroutilo, zakončilo vzlykem. Otevřel jsem ty dveře, rozsvítil jsem; přes židli viselo moje sako, na stole ležel tenorsaxofonový part. Rychle jsem se oblékl; zarazil jsem se: pootevřenými dveřmi koupelny pronikalo do pokoje světlo, které jsem nerozsvítil; stačily tři kroky: nahlédl jsem dovnitř. V bílé, snad alabastrové vaně nehybně stála růžová hladina, tichá, nehybně klidná, jako jezírko, v němž vykrvácela rusálka; a po bílém pažení, po bílém koberci se táhla stopa krve.

Hleděl jsem na to, a byla to odpověď. I když zahalená symbolem; jenom vlastně poloviční odpověď; ale jinou nikdy nedostaneme; v tomto zoufalém tratolišti života není úplných odpovědí: jenom stopa krve, řvoucí hlas zápasícího bassaxofonu, tak smutný, jenom smrtící bolest, pevně uzavřená do skořápky naší osamělosti; jemu se aspoň povedlo vykřiknout, zalomcovat temným sálem kdesi v Evropě; jiným se nezdaří nic; zmizí v anonymních propadlištích světa, duše, ani ten hlas, ani ten hlas.

Když jsem vyšel před Městský hotel, pod hvězdy, nerespektující lidská nařízení, docela slabounce zaznívala od zadního traktu, tam, kde bylo divadlo, lkavá hudba Lothara Kinzeho. A v ní, obalen monotónním mezzofortem, stejně lkavý, stejně bezcitný altsaxofon.

Šel jsem tmavými ulicemi zatemněného města domů. Nikdy nikdo se to nedozvěděl (třebaže jevištní mistr mě poznal; bezpečně), ale sen to nebyl; ani přelud, chiméra, nic takového. Třebaže druhý den nebylo už ve městě potuchy po šedivém autokaru, a nestýkal jsem se s nikým z deutsche Gemeinde v Kostelci (kromě pana Kleinenherra: toho jsem se zeptal, ale ten na koncertu Lothara Kinzeho nebyl; pokud mohl, nechodil na podniky der deutschen Gemeinde), aby mi to potvrdil a vyvrátil.

Ale sen to nebyl; neboť ve mně dosud je ten zoufalý výkřik mládí; výzva bassaxofonu. Zapomněl jsem na ni v úprku dne; v úprku života, a opakoval jsem jenom mechanicky: miluji, miluji; protože leta a necitelný zájem světa mi daly tuto tvářnost, tuto hroší kůži; ale existuje memento; intimní, pravdivá chvilka bůhvíkde bůhvíkdy; a tak budu navždycky putovat s orchestrem Lothara Kinzeho, smutný hráč, po truchlivých trasách evropské periférie, obklopené mračny velikých bouřek; a temný bassaxofonista, adrian rollini, mi bude znovu a znovu připomínat sen, pravdu, nesrozumitelnost; memento bassaxofonu.

Praha, červenec 1965

Obsah